DEFIENDA SU MATRIMONIO

LA VERDAD ACERCA DE
LA BATALLA ESPIRITUAL

TIM MUEHLHOFF

PATMOS

Defienda su matrimonio

Publicado por Editorial Patmos,
Miami, FL. 33169

Publicado originalmente en inglés por InterVarsity Press InterVarsity Press P.O. Box 1400, Downers Grove, IL 60515-1426 ivpress.com, con el título *Defending Your Marriage* © 2018 Tomothy M. Muehlhoff

Traducido por Heidi van Zandweghe

Diseño por Adrián Romano

ISBN: 978-1-58802-999-7

Categoría: Vida Cristiana

Impreso en Brasil | *Printed in Brazil*

"Un enfoque único y diferente para proteger nuestros matrimonios, distinto a cualquier otro que haya leído. Tan perspicaz, absolutamente escritural y profundamente equilibrado a la hora de abordar cuidadosamente la manera en que la guerra espiritual afecta en las relaciones en nuestra vida. Lo mejor de todo, ¡es práctico! Este libro marcará la diferencia para usted y su cónyuge a medida que debatan y actúen sobre las sugerencias y directivas sumamente útiles de Tim."

—**Roger Hershey**, orador de Cru, consultor de ministerios, autor de *The Finishers* [Los finalizadores]

"Por más intimidante que pueda parecer el asunto de la guerra espiritual en el matrimonio, el enfoque de Muehlhoff no resulta para nada amenazador y logra avanzar sobre este problema verdaderamente significativo, que ha sido descuidado durante mucho tiempo. Sin importar la condición actual de su matrimonio, ya sean próspero, monótono o problemático, cada cristiano se beneficiará con la lectura de este libro."

—**Douglas S. Huffman**, profesor y decano asociado de estudios bíblicos y teológicos en Talbot School of Theology, Biola University

"Este es un libro que necesitamos desesperadamente ya que aborda un tema que se suele pasar por alto. *Defienda su matrimonio* es un recordatorio aleccionador de un peligro invisible pero muy real para cada matrimonio cristiano: el ataque espiritual. Cuando no nos protegemos de esta amenaza, dejamos la puerta abierta a fuerzas que pueden erosionar nuestro amor, debilitar nuestro compromiso e incluso destruir nuestro matrimonio. Le agradezco al doctor Muehlhoff por identificar a nuestro enemigo oculto y brindarnos un plan para lograr una defensa fuerte, y por hacerlo con un estilo tan entretenido y atractivo."

—**Tim Downs y Joy Downs**, autores de *Fight Fair!* [Pelea justa]

"Una vez que una pareja se niega a conformarse con una relación de quinta categoría y decide conformar un matrimonio centrado en Cristo, para aprender a mirar, vivir y amar como nuestro Señor, los ataques del adversario pueden ser abrumadores. Tim nos ofrece un manual relevante, único y basado en la Biblia, no solo para proteger nuestro matrimonio, sino también para profundizar y fortalecer nuestra relación de amor con Dios y entre nosotros con nuestra pareja. Este recurso práctico y muy esperado lo ayudará a convertirse en "más que vencedor" y a experimentar la calidad de matrimonio que Dios ha diseñado para quienes lo aman. Es un libro que leerá más de una vez."

—**Gary J. Oliver**, director ejecutivo de Center for Healthy Relationships, profesor de psicología y teología práctica en John Brown University

"Conozco a Tim desde hace treinta y seis años, y tengo el privilegio de llamarlo mi amigo. Como pastor, no hay nadie en quien confiaría más sobre los temas desarrollados en este libro. *Defienda su matrimonio* es un excelente material, escrito por un hombre aún mejor."

—**William Radford**, pastor principal de Bedford Presbyterian Church, Bedford, Nueva Escocia

"Estoy muy agradecido de que el doctor Muehlhoff haya abordado este tema sumamente importante. *Defienda su matrimonio* proporciona verdades profundas, ejemplos personales atractivos y perspectivas útiles en un área que muy pocos autores tienen la autoridad para abordar. Este libro establecerá un estándar para otros que sigan este tema, ya que les brinda a las parejas recursos increíbles para ayudarlas a defender su matrimonio."

—**Chris Grace y Alisa Grace**, fundadores de Center for Marriage and Relationships de Biola University

"¡Esta es una lectura obligada para los terapeutas de matrimonios cristianos! Llena un vacío importante en nuestra capacitación al proporcionar herramientas prácticas para que el terapeuta reconozca, identifique y responda frente a la guerra espiritual en los matrimonios. Como terapeuta matrimonial, a menudo busco formas de ayudar a las parejas que parecen no responder a las intervenciones matrimoniales tradicionales. Este libro ofrece una nueva intervención: abordar la guerra espiritual para ayudar en el proceso de sanidad de las parejas. Estoy emocionado de contar ahora con un mapa detallado sobre cómo abordar la guerra espiritual en el matrimonio más allá de nombrarla solamente."

—**Jana Anderson**, terapeuta de parejas certificada por el método Gottman

"Mi esposa, Karen, y yo creemos desde hace mucho tiempo que Tim tiene un don único para presentar la palabra de Dios con respecto al matrimonio de una manera fresca y atractiva. Que su enseñanza sobre este tema crítico, pero rara vez abordado, alcance y bendiga a muchos."

—**Jeffery Justice**, médico cirujano certificado

"*Defienda su matrimonio* ofrece un análisis muy necesario de una influencia que a menudo se pasa por alto en el matrimonio: la opresión espiritual. Tim Muehlhoff nos recuerda la importancia de tomar en serio el matrimonio y la espiritualidad, invitándonos a mirar más allá de nosotros mismos; a observar la sabiduría y la perspicacia de las Escrituras. Este libro sirve como un recurso para parejas y comunidades por igual, un llamado a servir intencionalmente a Dios, a los demás y a nuestros vecinos. Una invitación a participar de la realidad, creyendo en el poder de Dios, la oración y la comunidad, convirtiéndonos en lumbreras de esperanza y guía en el proceso."

—**Robert Fisher**, director ejecutivo, Center for Individual and Family Therapy

"*Defienda su matrimonio* expone las tácticas de Satanás al mismo tiempo que nos lleva de vuelta a nuestro Señor; a experimentar su amor, perdón y poder. A medida que extendemos esto mismo a nuestro cónyuge, fortalecemos nuestro matrimonio. Imaginamos el impacto que esto tendrá no solo en la salud de nuestra propia relación matrimonial, sino también en nuestras comunidades, ya que otros pueden disfrutar de los beneficios del reino de Dios en la tierra que se vive en una familia. ¡Estamos ansiosos por reunir a algunos amigos para debatir y practicar los conceptos de este libro!"

—**Chris Zaugg y Susan Zaugg**, ex director de Digital Strategies para Cru de los Estados Unidos

A Noreen, Michael, Jason y Jeremy.

¡No hay nadie más con quien preferiría estar en batalla que con ustedes!

CONTENIDO

PRÓLOGO

CLINTON E. ARNOLD

El pasaje más extenso que hace referencia al matrimonio en las Escrituras (Ef 5) antecede al pasaje más extenso sobre la guerra espiritual (Ef 6). ¿Es coincidencia? Difícilmente.

En el diseño de Dios, un buen matrimonio representa el amor y la intimidad que caracterizan la relación entre Dios y su pueblo, la iglesia. Y aunque Jesús nos aseguró que las puertas del infierno no prevalecerán contra la iglesia, Satanás intenta derribarla constantemente. Así también sucede con el matrimonio.

Como lo describe Tim Muehlhoff en la introducción a este libro: "su matrimonio es un blanco". Es un blanco porque representa una muestra del cielo: Dios en una conexión íntima con su pueblo. Satanás desea interrumpir y oponerse a cualquier cosa que atraiga a las personas hacia la comunidad afectuosa y cariñosa en la que Dios está trabajando para establecer en la tierra. Cuando Satanás socava a los matrimonios y crea distancia entre los cónyuges, destruye de manera efectiva la esperanza en la relación trascendente hacia la cual apuntan los matrimonios.

Muchas personas, lo admitan abiertamente o no, piensan que hablar de espíritus demoníacos y de guerra espiritual es equivalente a vivir al borde de la locura del cristianismo. Admiten que se encuentra detallado en la Biblia, pero es mejor dejarlo para los tiempos bíblicos. Si una pareja tiene dificultades en su matrimonio, necesita la sabiduría y la ayuda que proviene de un consejero matrimonial experimentado, no de un tipo de ritual de liberación de demonios. De hecho, algunos se preocupan de que involucrar a los demonios en el tema, en verdad podría desviar el enfoque de lo que una pareja realmente necesita hacer para alcanzar un matrimonio saludable. Sin embargo, si la Biblia está en lo cierto con respecto a este tema, y el reino demoníaco está realmente interesado en dañar a los matrimonios, ¿cómo podemos permitirnos ignorarlo?

Imagine por un momento que acudo al doctor con un terrible dolor de garganta causado por una infección bacteriana. El doctor me receta descansar, hacer gárgaras con agua tibia y sal y tomar ibuprofeno cada seis horas. Cuando siga estas pautas, sin duda sentiré algo de alivio, pero el doctor no trató la raíz del problema. Necesito antibióticos para combatir la infección.

Si su matrimonio se encuentra atrapado en un círculo de interacciones cada vez más dañinas, ¿se ha detenido a considerar que quizás no está tratando la raíz del problema? Puede ser que se encuentre lidiando con dinámicas espirituales que requieran intervención espiritual.

Aquí es donde entra en juego el libro de Tim. La sabiduría impartida en este volumen lo ayudará a discernir lo que está sucediendo en su matrimonio y le brindará herramientas fundamentales para trabajar sobre una gran variedad de problemas cuyas raíces son espirituales.

En nuestra cultura, hemos sido socializados y educados para ignorar lo espiritual y considerar lo demoníaco como una fantasía. Sin embargo, esta no es la perspectiva bíblica. No es el consejo de Jesús, de

Pablo o de los apóstoles. Ellos tomaban en serio este reino y buscaban incorporar una visión de la guerra espiritual en cada aspecto de la vida diaria. Tim le mostrará de qué manera es relevante esa perspectiva para su propio matrimonio.

Introducción

CUANDO SU MATRIMONIO ES UN BLANCO

"Tiene fiebre."

Increíble, pensé mientras escuchaba el mensaje de voz que me había dejado mi esposa. La noche anterior nuestro hijo del medio se sentía un poco afiebrado y esperábamos que no fuese nada. No tuvimos tanta suerte.

"¿Podrías pasar por la farmacia de *regreso a casa*?"

Se podía escuchar la frustración en su voz. Su irritabilidad fue provocada no solo por un problema de salud inesperado, sino también por el hecho de que *todavía* me encontraba en la oficina, a pesar de que aún debíamos preparar las valijas. Por la mañana, mi esposa y yo viajaríamos para hablar en una conferencia acerca del matrimonio. El vuelo salía temprano y todo lo que podía salir mal estaba sucediendo: un hijo enfermo, la cancelación a último momento de una niñera de confianza y un trabajo con fecha límite que todavía debía terminar en la oficina. La típica frase de que en vacaciones algunos quieren *llevarse todo salvo el fregadero de la cocina* no parecía tan graciosa cuando descubrimos más tarde esa misma noche que la canilla de la cocina perdía *otra vez*. Hubo gran tensión entre nosotros en el trayecto que recorrimos en auto hacia el aeropuerto en silencio.

Luego de acomodarnos en la habitación del hotel, nos dirigimos al salón donde se llevaría a cabo la conferencia sobre matrimonios para realizar una prueba de sonido. Notamos que los voluntarios de la conferencia caminaban entre las filas y se detenían en cada silla vacía.

"¿Qué están haciendo?", le pregunté al coordinador de la conferencia.

"Están orando contra las fuerzas espirituales", respondió.

Su respuesta me sorprendió. Luego de años de haber organizado conferencias sobre matrimonios cristianos, fue la primera vez que el organizador se tomaba tan en serio la realidad de la oposición espiritual. Nos explicó que las parejas que ocuparían esas sillas realmente habían atravesado muchos obstáculos: enfermedades, demoras en los viajes, pérdida del equipaje en tránsito, presiones financieras inesperadas y tensiones matrimoniales, son todas situaciones que están a la orden del día.

"¿Realmente creemos que es una coincidencia?", dijo riéndose.

"Satanás haría cualquier cosa con tal de que no trabajemos en nuestro matrimonio. Después de todo, un matrimonio cristiano debe reflejar el amor de Dios. Seríamos ingenuos si pensamos que Satanás no nos tiene en la mira."

Cuando caminábamos de vuelta a la habitación del hotel me invadieron los pensamientos. *¿Es realmente posible que Satanás ataque a las personas que asisten a esta conferencia? ¿Podría ser que el hecho de extraviar el equipaje o experimentar desacuerdos matrimoniales no sea algo tan inocente como parece? Y, si Satanás ataca a las personas que asisten a una conferencia, entonces decididamente atacaría a las personas que predicarán en una conferencia, ¿cierto? ¿Podía ser que la fiebre de mi hijo, la pérdida en la tubería de la cocina y la tensión entre mi esposa y yo fuesen un intento de Satanás de desanimarnos? ¿Cómo puedo saber si es solamente una tubería averiada o algo mucho más amenazador? ¿Satanás no tiene mejores* *cosas que hacer que atacarnos a mi esposa y a mí?* Estaba determinado a encontrar respuestas.

Cuando *Defienda su matrimonio* contempla estas ideas preocupantes, explora tres preguntas específicas. Primero, *¿por qué no pensé de la misma forma que el organizador de la conferencia con respecto a la batalla espiritual?* Para ser honesto, la batalla espiritual simplemente no se encuentra en mi radar. ¿Acaso yo, un profesor con un doctorado, estoy avergonzado por la posibilidad de encontrarme bajo opresión espiritual? Como un seguidor de Cristo moderno, ¿puede que también a usted lo avergüence? Me pregunto qué pensaría Jesús o el apóstol Pablo acerca de nuestro escepticismo. En segundo lugar, *¿cuál es el propósito de un matrimonio cristiano?* Si los matrimonios cristianos deben ser metáforas vivas del amor auto sacrificial de Dios (Ef 5), tal como Pablo lo sugiere en su carta a los creyentes de Éfeso, ¿entonces no sería prudente esperar y prepararse para la batalla espiritual (Ef 6)? Por último, *si somos conscientes de la oposición espiritual, ¿cómo podemos mantener el equilibrio?* ¿Cómo podemos darnos cuenta si una discusión es sólo una diferencia de opiniones entre los cónyuges o si es algo más? Y si ese algo más resulta que fue influenciado por los demonios, ¿cómo lo sabremos y qué podemos hacer al respecto?

Pensar de forma bíblica implica ver el mundo a través de los ojos de las Escrituras. La mayoría de los cristianos intentan ordenar sus vidas diarias para que se ajusten a las perspectivas proporcionadas por los escritores bíblicos. Sabemos que Dios existe, entonces oramos. Aceptamos que la muerte no es el hecho final, entonces vivimos a la luz de la eternidad. Sabemos que el amor de Dios es para todos, entonces buscamos maneras de compartir el mensaje de Dios con los demás. Aceptamos las Escrituras como la forma en que Dios se comunica con nosotros, entonces la leemos regularmente. Sin embargo, ¿qué ocurre con la realidad de Satanás? "Acerca de este tema", sugiere el erudito en el Nuevo Testamento Clint Arnold, "algunos de nosotros sufrimos de una doble mentalidad. Aunque mentalmente aceptamos la probabilidad de que existan espíritus malignos, tal como lo afirmad la Biblia, en la realidad no produce ninguna diferencia práctica en la forma en que vivimos nuestra vida cotidiana."[1]

¿Cómo serían nuestros matrimonios si buscáramos regularmente formas productivas de abordar el conflicto, recuperáramos nuestras agendas agitadas, estableciéramos noches de citas, administráramos mejor nuestras finanzas, procuráramos inculcar valores bíblicos en nuestros hijos, fuéramos testigos cristianos frente a nuestros vecinos *y* aceptáramos la realidad de que realizamos todas estas cosas al mismo tiempo que vivimos en una zona que se encuentra en guerra espiritual? "La Biblia no sólo enseña que los espíritus malignos existen, sino que también son activamente hostiles contra todos los cristianos; sus instigaciones perversas afectan negativamente nuestra vida diaria y las vidas de aquellas personas que nos rodean," concluye Arnold.[2]

¿CÓMO LO AYUDARÁ ESTE LIBRO?

Defienda su matrimonio aborda el tema de la opresión espiritual de una forma equilibrada y bíblica. Las siguientes características hacen que el libro sea útil y fácil de aplicar:

1. Cada capítulo les presenta a los lectores lo que Jesús y los autores bíblicos tenían que decir acerca de Satanás y de las fuerzas espirituales que operan hoy en día. Jesús no solamente habló de forma abstracta acerca de la realidad del diablo; Satanás en persona lo tentó durante cuarenta días en el desierto, afuera de Jerusalén.
2. *Defienda su matrimonio* ayuda a los lectores a comprender porqué sus matrimonios pueden atraer la oposición espiritual.

Cuando comprendan el diseño de Dios para el matrimonio, los lectores entenderán mejor qué es lo que afecta a Satanás y lo que quiere atacar.

3. Se les presenta a las parejas criterios prácticos que pueden utilizarse para detectar si se encuentra oprimido espiritualmente. ¿Cuáles son los indicadores más comunes de que Satanás puede estar tratando de descarrilar su matrimonio?
4. *Defienda su matrimonio* no es solamente un libro acerca de Satanás. En cambio, explica cómo proteger nuestros matrimonios mediante el uso de herramientas bíblicas, tales como la oración, la meditación en la Palabra de Dios y la mobilización de los creyentes.
5. Por el libro se encuentran intercaladas breves entrevistas con pensadores cristianos que han transitado un largo camino con Dios. Una de las más grandes bendiciones de enseñar en una universidad cristiana es codearse con personas de distintos campos de estudio que pueden ofrecer percepciones profundas sobre la guerra espiritual.

ENCONTRAR EL BALANCE CORRECTO

Cuando reflexionaba sobre sus propios escritos, C. S. Lewis generalmente comentaba que su trabajo más importante fue la investigación acerca de la forma en que los demonios interactúan con las personas. Mientras estudiaba este tema abandonado, se convenció de que muchos de nosotros caemos en dos errores cuando se trata del diablo. Un error evidente es no creer en la existencia de Satanás y los demonios. La Biblia sencillamente habla demasiado de su existencia como para ignorarlos. Tomar la Biblia en serio conlleva abrirnos a la realidad de la oposición espiritual en todos los aspectos de nuestra búsqueda de

Cristo, incluso en nuestros matrimonios. Sin embargo, una actitud igual de equivocada es "sentir un interés excesivo y enfermizo" por el reino demoníaco.[3] Lewis concluye irónicamente que el diablo y sus secuaces se complacen de igual manera con ambas reacciones.

Como seguidores de Cristo que buscan tener matrimonios prósperos debemos resistir la intención de atribuirle cada desacuerdo matrimonial al obrar demoníaco, y de la misma manera resistirnos a ignorar una realidad espiritual adoptada por Jesús y por los escritores del Nuevo Testamento. Después de todo, la razón por la cual nos enfocamos en las "maquinaciones" del diablo (2 Co 2:11) es para comprender mejor la forma en que pueden alterar nuestras estrategias para cultivar un matrimonio que honre a Dios. Al recordar y contrarrestar esta amenaza olvidada, no solo allanamos el camino para una intimidad con nuestro cónyuge, sino que también nos acercamos a nuestro mayor protector: Dios mismo.

1

EL PRIMER PASO

COMPRENDER A NUESTRO ADVERSARIO

"Amo a mi esposo, pero no puedo deshacerme de estos pensamientos."

Sandy se sentó delante mío mientras sostenía la mano de su esposo y evitaba el contacto visual. Explicó que, luego de quince años de matrimonio y de criar a sus dos hijos, decidió tomarse en serio su fe. Comenzaron a asistir juntos a la iglesia e incluso en ocasiones hacían devocionales familiares.

"De repente, de la nada, comencé a tener estos extraños pensamientos de que quizás no deberíamos habernos casado."

Apretó la mano de su esposo, consciente del dolor que causaban aquellas palabras. Con el tiempo, la consumía darse cuenta de que no lo había consultado con Dios cuando su esposo le propuso matrimonio.

"¿Y si Dios tenía a alguien más pensado para mí? ¿Y si tenía un plan completamente distinto para mi vida? No puedo dejar de preguntarme todos los *y sí…* es como un círculo sin fin en mi mente."

Repasamos juntos la lista tradicional: reunirse con el pastor, consejería matrimonial, orar por la paz de Dios, memorizar las Escrituras, y demás. Ella confirmó que habían hecho todo eso, y, sin embargo, los pensamientos seguían apareciendo.

"¿Estoy loca?," preguntó alzando la mirada.

"No," le respondí. "Creo que estás atravesando un ataque espiritual."

Que yo recuerde, esa fue la primera vez que sugerí esa posibilidad. Luego de treinta años de aconsejar a parejas y de hablar en conferencias sobre el matrimonio, no sería la última vez. Todas las parejas experimentamos los altibajos normales del matrimonio: discutimos y nos arreglamos; apreciamos las fortalezas de nuestro cónyuge, incluso cuando esas mismas fortalezas a veces nos molestan demasiado; nos cuesta perdonar, pero en general lo logramos. Sin embargo, después de escuchar a las parejas (y en base a mi propia experiencia) existen momentos en que sucede algo más. Momentos del matrimonio en los cuales los pensamientos negativos o el enojo simplemente no se van. Al igual que la mujer al comienzo del capítulo, nos estancamos en un círculo sin fin.

Si esa es la experiencia que usted está teniendo, ¿cuál es el siguiente paso?

Los escritores del Nuevo Testamento defienden que *el primer paso* no tiene que ver con aprender un conjunto de técnicas de guerra espiritual, sino de reunir información. El apóstol Pablo les advierte a los jóvenes creyentes de Corinto que para evitar ser engañados por Satanás es fundamental que seamos conscientes de "sus maquinaciones" (2 Co 2:11). Los líderes de la iglesia primitiva comprendieron que seguir a Jesús implicaba la necesidad de prestarle atención a lo demoníaco. El autor cristiano Kenneth Boa afirmó que "cerca del veinticinco porciento del ministerio de Jesús, de la forma en que lo registran los evangelios, incluyó la liberación de aflicciones demoníacas." Entonces llegó a una conclusión estremecedora: "Las fuerzas del maligno no desaparecieron cuando Jesús dejó la tierra."[4] Si Jesús dedicó tanto tiempo al reino demoníaco y todavía existe en la actualidad, entonces, ¿por qué existen segmentos significativos de la iglesia moderna que son tan reacios a abordarlo?

Lejos de aprender acerca de la oposición que enfrentamos, muchos dentro de la iglesia occidental simplemente ignoran la realidad de Satanás. Esta aversión a la oposición espiritual no es compartida por nuestros hermanos y hermanas dentro de la comunidad global. Cuando dediqué un verano de servicio en Nairobi, Kenya, para asistir en las iglesias locales, me sorprendió la forma en que los líderes locales oraban por nosotros. Antes de marcharnos, un líder oraba para que Dios nos protegiera contra las fuerzas malignas empecinadas en arruinar nuestros esfuerzos.[5] ¿Por qué hay tantas personas dentro de la iglesia occidental tan cautelosas a la hora de hacer lo mismo?

IGNORAR A SATANÁS

Hoy en día, muchos dudan de enfocarse en Satanás por varias razones. Primero, uno de los estereotipos más persistentes (y frustrantes) de los cristianos occidentales es que somos anti intelectuales. El temor de muchos cristianos hoy en día es que el hecho de tomar en serio a Satanás solo expondrá la realidad de que estamos pausando nuestra mente para aceptar lo demoníaco. Considere los siguientes comentarios de algunos escritores religiosos liberales. "Es imposible utilizar la energía eléctrica y la red inalámbrica, servirnos de los descubrimientos médicos y quirúrgicos modernos, y al mismo tiempo creer en el mundo de los espíritus y milagros del Nuevo Testamento."[6] Creer en un Satanás y en los demonios de forma literal está "pasado de moda" y "tira por la borda toda credibilidad en la teología."[7] "Si creemos en los demonios, también podríamos aferrarnos a la idea de una tierra plana."[8] Aquellos que estamos en el mundo académico somos particularmente sensibles a esta salvedad. ¿Qué pensarán los profesores y los eruditos no cristianos cuando descubran que me tomo muy en serio el asunto de la guerra espiritual? Ya puedo imaginarme los comentarios sarcásticos y las conversaciones incómodas. De manera similar, ¿qué reacciones obtendría de sus vecinos y sus colegas de trabajo si usted les compartiera lo que sabe acerca de Satanás?

En segundo lugar, en nuestro deseo de ser relevantes, evitamos proclamar que creemos en los demonios. Cuando casualmente le mencioné a un amigo cristiano que estaba escribiendo un libro acerca de la batalla espiritual para compartir en conferencias matrimoniales, su rostro mostró una expresión repleta de preocupación. "Pensé que nuestro objetivo era que las personas asistieran a las conferencias cristianas, no alejarlas de ellas. Incluir a Satanás en el plan hará que las personas se sientan incómodas. No estoy seguro de que sea una buena idea." Al final, cuando nuestro deseo es hacer que las conferencias y las iglesias se transformen en ambientes "agradables para todos" retenemos información bíblica vital que podría proteger a las personas de una forma muy significativa.

En tercer lugar, en una cultura en la cual las personas generalmente evitan las responsabilidades, resistimos la urgencia de caer en la mentalidad que declara "el diablo me hizo hacerlo." Si aceptamos la posibilidad de que las fuerzas espirituales están exacerbando nuestras luchas espirituales, ¿le estoy otorgando a mi cónyuge una excusa perpetua? "Lo siento, cariño, ¡mi arrebato de ira fue debido a que Satanás sacó lo peor de mí! ¡No es del todo mi culpa!" Es mejor aceptar toda la responsabilidad de nuestras acciones en lugar de darnos el permiso mutuo para utilizar el "pase libre demoníaco para librarnos de la cárcel." Esta actitud se vio reflejada en un asistente de una conferencia sobre el matrimonio donde apenas sugerí la *posible* participación de Satanás en las luchas matrimoniales. Este asistente escribió en su evaluación: "¡Creo que se realizó *demasiado* énfasis en el poder de Satanás! ¡Él no puede estar en todas partes!"

Si somos honestos, la razón principal por la que rechazamos adoptar la posibilidad de lo demoníaco es la vergüenza. Cuando pensamos acerca de la influencia demoníaca nos imaginamos cabezas que giran, levitación, voces guturales que hablan en latín, fanáticos religiosos que practican exorcismos, y nos sentimos tontos al darle crédito a *algo* de eso. Sin embargo, ¿podemos continuar ignorando este asunto?

Luego de haber vivenciado los horrores del dominio nazi en Europa durante la Segunda Guerra Mundial, el teólogo alemán Helmut Thielicke se sintió obligado a predicar reiterados sermones acerca de la batalla espiritual. "Año tras año hemos visto una atmósfera cada vez más tóxica que se asentaba en el mundo y percibimos cuán reales y casi tangibles son los espíritus malignos en el aire", así comenzó sus famosas series. "El poder abrumador de estas experiencias es tan fuerte que simplemente quiebra con todo el aislamiento intelectual que estamos tan dispuestos a interponer para mantener alejados estos poderes malignos."[9]

Si bien sería erróneo comparar el estado actual del mundo con las secuelas de la Segunda Guerra Mundial, ¿usted no tiene la sensación de que actualmente se respira una *atmósfera* cada vez más *tóxica*? Cuando miramos las noticias, ¿no nos preocupamos cada vez más de que nuestro mundo, nuestros vecinos y nuestros seres amados sean una especie de blanco, y que los desafíos que enfrentamos no están todos ligados a interacciones humanas? Cuando vemos que otro matrimonio se termina o que una familia se destruye, ¿estamos finalmente dispuestos a admitir que está ocurriendo *algo más*? De acuerdo con el ejemplo de Thielicke, quizás sea tiempo de romper con nuestro aislamiento cultural e intelectual. ¿Cómo sería si tomáramos el tema de la batalla espiritual con la misma seriedad que tomamos a Jesús y a las Escrituras? Para comenzar, consideremos a Satanás desde el punto de vista de las Escrituras, y no de la cultura popular.

INVESTIGUEMOS CON MAYOR PROFUNDIDAD

La forma en que Satanás ha sido representado a través de los siglos ha dado un giro interesante. Las primeras imágenes de Satanás de la década de 1500 lo proyectaban como un personaje monstruoso, con cuernos y pezuñas. Lentamente, Satanás comenzó a adquirir cualidades humanas, tal como en una pintura de 1978, *El Diablo como sastre*, en la cual se lo representa como un hombre ordinario que realiza costuras de uniformes de la SS alemana durante la Segunda Guerra Mundial. En la serie de televisión de 2015, *Lucifer*, le otorga un cambio de imagen completo haciéndolo ver como un hombre de negocios bien vestido y apuesto de Los Ángeles, que posee una sorprendente debilidad por ayudar a los demás. ¿Dicha transición de una bestia con cuernos a un hombre de negocios compasivo ha contribuido a una reducción gradual de nuestras defensas con respecto a su amenaza demoníaca?

UN PUNTO DE VISTA BÍBLICO DE SATANÁS

La razón por la cual tomamos seriamente la guerra espiritual no es debido a que hemos tenido experiencias personales con demonios, porque conozcamos amigos que hayan experimentado historias escalofriantes o porque hayamos visto videos de exorcismos aparentemente creíbles a través de YouTube. "El principal testigo de la realidad y de la existencia de Satanás no es la experiencia o alguna historia sensacional," describió el teólogo Paul Enns, "sino el testimonio de las Escrituras."[10] Adoptar la Biblia como un libro inspirado por Dios que nos ayuda a ver el mundo como *es en realidad*, implica que desarrollemos una firme creencia en el reino espiritual. Esto incluye no solo creer que el diablo existe, sino que está personificado en Satanás. Cada escritor del Nuevo Testamento hizo referencia a Satanás, y Jesús lo mencionó específicamente veinticinco veces.[11] Sin embargo, ¿quién es este misterioso personaje?

El nombre Satanás proviene de una palabra hebrea que significa *adversario*.[12] Por lo tanto, Satanás esencialmente se opone a Dios y a sus planes. Sin embargo, ¿cómo un ser angelical descripto como "lleno de sabiduría y acabado en hermosura" (Ez 28:12) se convirtió en el adversario de Dios? ¿Qué lo condujo a tal rebelión? Dos autores del Antiguo Testamento nos dejan entrever qué fue lo que puso a Satanás en ese camino traicionero.

Los profetas del Antiguo Testamento Ezequiel e Isaías nos otorgaron información clave acerca de esta rebelión cósmica cuando primero criticaron a un líder humano que se corrompió y luego continuaron con la descripción de Satanás.[13] Al comentar sobre el gobernador de Tiro, Ezequiel lo condenó por su gran orgullo cuando proclamó que era poderoso, rico y habilidoso, lo que lo condujo a auto considerarse "un dios" (Ez 28:2). ¿Qué podría haber provocado que un hombre fuera tan arrogante? Ezequiel nos brinda una respuesta cuando cambia el enfoque del gobernador de Tiro hacia el verdadero rey de Tiro, que encendió el orgullo de este líder humano, Satanás. Luego, el profeta dejó de considerar al rey humano y pasó a describir un poder angelical. Las cualidades utilizadas para describir a esta influencia cósmica no podrían pertenecer a un líder mortal. Vemos que, en el principio, este ser fue ungido como un querubín (un ángel destacado), lleno de sabiduría, acabado en hermosura, irreprensible y un modelo de perfección (Ez 28:11-15). ¿Cómo una criatura tan maravillosa cayó en desgracia? Dios afirma a través de Ezequiel:

> Se enalteció tu corazón a causa de tu hermosura, corrompiste tu sabiduría a causa de tu esplendor. (v.17)

El profeta Isaías utiliza la misma progresión al enfocarse primero en la caída del rey humano de Babilonia y luego pasar a la misma caída de un ser angelical al que se conoce como "el lucero de la mañana"

(Is 14:12). Rápidamente podemos ver que la misma arrogancia que derribó al rey de Babilonia, también fue la perdición de Satanás.

> Tú que decías en tu corazón: "Subiré al cielo; en lo alto, junto a las estrellas de Dios, levantaré mi trono." (v.13)

Lo que más caracteriza al pecado de Satanás son sus osadas afirmaciones en futuro, lo que ocurre cinco veces en dos versículos.[14]

De estos dos profetas podemos determinar lo siguiente con respecto a Satanás. Primero, Satanás demuestra fuertes señales de personalidad, tales como inteligencia, celos y ambición. Segundo, como querubín, un ángel que tiene un acceso exclusivo al trono de Dios, Satanás se encontraba continuamente en la presencia de un Dios perfecto, digno de eterna adoración y admiración. Con el tiempo, la admiración se convirtió en una envidia abrasadora: ¿Por qué yo no me puedo sentar en el trono? ¿Por qué yo no puedo recibir adoración? ¿Por qué todo esto no puede ser mío? Al haber pasado tanto tiempo en la presencia de Dios, Satanás debe haber sido perseguido por dos realidades: esto *nunca* podrá ser mío y cualquier intento por poseerlo producirá resultados desastrosos. Sin embargo, no restringió su insaciable deseo.

J.R.R. Tolkien, en sus clásicos libros de fantasía *El hobbit* y *El señor de los anillos*, nos ofrece una mirada creativa de hacia dónde nos puede conducir un deseo descontrolado. A los lectores se les presenta un personaje desagradable, Gollum, cuya vida ha sido destruida por su firme deseo de poseer el Anillo Único. Aunque en apariencia parece un anillo de oro ordinario, este anillo en particular otorga poderes mágicos tan poderosos que logran someter reinos enteros. Sin embargo, aquel que controle el poder del anillo cae en la trampa de su hechizo. Los magos son sabios y alertan a los habitantes de la Tierra Media que se alejen de su poder seductor. Gollum ignora este consejo, y dedica patéticamente toda su vida intentando obtener el anillo, al cual cariñosamente llamaba “mi precioso.” Gollum no ignora el alto costo que implica obtener el anillo. Cada año que transcurre y que posee el anillo, pasa de ser un inocente hobbit a una criatura deformada y enferma, controlada por la obsesión de conservar el anillo. Aunque poseer el anillo lo esté matando, no puede detener su trágica búsqueda. Finalmente, su condena final se sella cuando arriesga todo para asegurar el anillo. Del mismo modo, Satanás sabe que no puede usurpar a Dios y poseer su trono, pero renuncia a su privilegio y posición celestial para alimentar su equivocada obsesión, lo que provoca un juicio severo.

INVESTIGUEMOS CON MAYOR PROFUNDIDAD

El hecho de que Satanás haya sido una vez uno de los querubines (plural de querubín) hizo que su traición fuese más trágica. La tarea de los querubines era proclamar y proteger la gloria y la santidad de Dios y se los describe como el carruaje personal de Dios (Sal 18:10). Tenían cuatro alas y brillaban como bronce pulido. Irónicamente, luego de que Satanás engañara a Adán y a Eva para que pecaran, hubo querubines que protegieron la puerta del Jardín del Edén para evitar que los humanos pecadores (y quizás Satanás) regresaran a comer del árbol de la vida. Muchos escritores judíos creían que, si los humanos comían del árbol, eso los mantendría en un estado constante de pecado. Por lo tanto, en un acto de misericordia, Dios ubicó a los querubines (armados con espadas de fuego) para mantener alejados a los humanos (Gn 3:24).

EL JUICIO A SATANÁS

En un lenguaje sincero, las Escrituras nos hablan de la contundencia del juicio de Dios. Satanás no solo fue despojado de su posición, sino que fue expulsado del cielo (Is 14:12; Ez 28:18). ¿A dónde fue? La respuesta tiene profundas consecuencias, no solamente para los humanos en general, sino también para su matrimonio en particular. Satanás fue desterrado a nuestro planeta. Sin embargo, no se fue sin dar pelea.

Las Escrituras nos presentan esta lucha cósmica con estas estremecedoras palabras: "Después hubo una gran batalla en el cielo" (Ap 12:7). A través de poderosas metáforas, Juan describe una batalla cósmica en la cual un enorme dragón rojo (Satanás), flanqueado por ángeles que se habían revelado, pelea contra el arcángel Miguel y sus ángeles. Si bien no sabemos cuánto tiempo duró esta batalla, Juan afirma que Satanás "no prevaleció" y el dragón y sus ángeles derrotados "no hallaron lugar en el cielo" (Ap 12:8) y fueron lanzados a la tierra (Ap 12:9). Estos ángeles marginados son lo que los escritores del Nuevo Testamento denominaron *demonios*. ¿Cuántos cayeron junto con Satanás? Juan sugiere que un tercio de los ángeles fueron arrastrados en este golpe maestro fallido (Ap 12:4). Sin embargo, no a todos se les permitió acompañar a Satanás. En un intento por protegernos, Dios confinó a algunos ángeles, o demonios, directamente al infierno (2 P 2:4). Estos demonios en cuarentena eran "aparentemente demasiado depravados y dañinos como para permitirles vagar por la tierra."[15] ¿Qué sabemos acerca de los demonios con libertad para causar estragos en la tierra?

DESENMASCARAR DEMONIOS

Si bien generalmente consideramos a los demonios como seres todopoderosos que se complacen en aterrorizarnos, las Escrituras limitan de forma clara lo que pueden hacer. Primero, los demonios pueden estar en un solo lugar a la vez. En los evangelios, Jesús se encontró con dos hombres que estaban atormentados por demonios (Mt 8:28-34). Cuando Jesús expulsó a los demonios que tenían los hombres, los demonios se refugiaron inmediatamente en un rebaño de cerdos. Como podemos ver, no podían estar en los hombres y en los cerdos al mismo tiempo. Segundo, los demonios sobresalen observándonos, pero no pueden leer nuestras mentes. Luego de veintiséis años de matrimonio, solamente *parece* que mi esposa puede leer mi mente. Luego de años de observar mis hábitos, misteriosamente ella puede predecir lo que voy a hacer o lo que estoy pensando. Lo mismo ocurre con los demonios que nos estudian intencionadamente. Luego de estudiarnos cuidadosa y constantemente, adquieren una profunda comprensión de nuestros hábitos y tendencias. Pero, ¿es posible que en realidad puedan saber lo que pensamos? No. Las Escrituras son claras en que el único ser omnisciente es Dios (Sal 139). Tercero, si bien los demonios son poderosos, tienen limitaciones. Marcos relata que un hombre que estaba poseído por demonios fue capaz de liberarse de cadenas y que nadie lo podía contener (Mr 5:3-4). Sin embargo, a diferencia de Dios, existen límites para sus poderes. Juan afirma que no pueden hacer el trabajo de Dios (Jn 10:21) o poseer a un seguidor de Jesús.[16]

Si bien los demonios tienen estas limitaciones por naturaleza, las Escrituras son claras en cuanto a que pueden ocasionar enfermedades (Lc 13:11), tentarnos (1 Ts 3:5), fomentar la desobediencia (Ef 2:22) y, lo más alarmante, colocar pensamientos en nuestra mente (Gn 3:1-5; 2 Co 4:4; 2 Co 11:3). En los próximos capítulos abordaremos de forma más profunda las estrategias de los demonios y cómo utilizar los recursos espirituales para rechazarlos.

LECTOR: ¡Espere un segundo! Antes de que continuemos, tengo un millón de preguntas.

AUTOR: No estoy acostumbrado a que me interrumpan, pero comprendo que esto puede resultar un poco confuso.

LECTOR: ¿Le parece?

AUTOR: No es necesario el sarcasmo, pero continúe.

LECTOR: Si Dios estaba dispuesto, y podía enviar a algunos demonios directamente al infierno, entonces, ¿por qué no los envió a *todos*? Y ya que estamos, ¿por qué no simplemente envió a Satanás directamente al infierno? O, mejor dicho, ¿por qué Dios creó a Satanás, *en primer lugar*?

AUTOR: Buenas preguntas. Empecemos por la pregunta fácil: ¿Por qué Dios creó a Satanás?

LECTOR: ¿Ésa es la *fácil*? Debe estar bromeando. Está bien, continúe.

AUTOR: Dios no creó a Satanás.

LECTOR: ¿Cómo? Creía que Dios había creado todo.

AUTOR: Así es. Lo que Dios creó originalmente fue un ángel majestuoso llamado *lucero de la mañana*. ¡Este ángel tenía un acceso privilegiado a Dios y había atestiguado personalmente su gloria! Este ángel tenía algo que usted también tiene, como pudimos ver con su interrupción.

LECTOR: ¿Qué sería eso?

AUTOR: Libre albedrío. Por lo tanto, este ángel tenía que tomar una decisión: ¿continúo adorando a Dios o intento luchar y arrebatarle la gloria? Lamentablemente, eligió la rebelión y se convirtió en el adversario de Dios, o como lo conocemos, Satanás. Pero él no fue creado de ese modo.

LECTOR: ¿Dios no podría haber forzado a Satanás para que continuara adorándolo?

AUTOR: Sí, pero ¿de qué sirve la adoración forzada o, si vamos al caso, el amor forzado? Si usted supiera que sus amigos fueron manipulados a regañadientes para sentir agrado por usted, ¿eso no apagaría la amistad?

LECTOR: Sí. No quiero que las personas se vean obligadas a sentir agrado por mí o a compartir tiempo conmigo.

AUTOR: Dios está de acuerdo. Por lo tanto, no obligó al lucero de la mañana o a sus ángeles a que lo adoraran. Ellos eligieron la rebelión por sobre la adoración.

LECTOR: De acuerdo. Pero, ¿por qué no arrojarlos a todos al infierno y acabar con todo de una vez por todas?

AUTOR: Aquí nos encontramos con la pregunta más difícil. ¿Por qué arrojar a Satanás a la tierra donde podía acceder a Adán y a Eva?

LECTOR: Tiene toda mi atención.

AUTOR: Al igual que con Satanás y sus ángeles, Dios no quería forzar a que esta primera pareja lo siguiera. Si la única voz que Adán y Eva tenían para escuchar era la de Dios, entonces ¿qué otra opción tendrían? Supongamos que le digo que tiene la libertad de irse de una habitación en particular cuando usted quiera. Sin embargo, cuando intenta salir, todas las puertas y las ventanas están cerradas. ¿Cuál sería su respuesta?

LECTOR: Gracias por otorgarme una opción que no puedo utilizar. Todo está cerrado. Estoy atrapado.

AUTOR: Así es. Dios no quería que Adán y Eva estuviesen *atrapados* con él. Entonces, en medio del paraíso colocó una puerta de salida: el árbol del conocimiento del bien y del mal. Dios fue claro. Si comían del árbol, vivirían consecuencias desastrosas, tales como la muerte espiritual y física. Y Dios permitió que Satanás tuviera acceso a esta pareja para que tuvieran la opción de una voz contraria a la de él: "No moriréis" (Gn 3:4). Bueno, el resto ya lo conoce.

LECTOR: Parece que Dios está realmente comprometido a que elijamos amarlo.

AUTOR: Así es. Es una parte fundamental de ser humanos. Todo este libro trata de que elijamos poner a Dios primero en nuestros matrimonios y rechazar los intentos de Satanás de desviarnos. Ahora, ¿me permite continuar?

LECTOR: Sí. Por el momento.[17]

INVESTIGUEMOS CON MAYOR PROFUNDIDAD

Si Dios está enfocado en que los humanos y los ángeles elijan amarlo, entonces, ¿tendremos la posibilidad de elegir en el cielo? Si fuese así, ¿podríamos rebelarnos nuevamente? La respuesta es sí y no. Sí, conservaremos el libre albedrío en el cielo, pero no elegiremos la rebelión por varios motivos. Primero, en el cielo veremos claramente al pecado con toda su fealdad. El atractivo del pecado, tan prevaleciente en este mundo, será removido y nuestros ojos se abrirán y verán todo lo destructivo que viene con el pecado. Segundo, en esta vida estamos constantemente haciendo morir nuestro deseo por el pecado (Col 3:5). En el cielo, finalmente el deseo por la santidad será consumado. La pregunta "¿Podemos pecar en el cielo?" Presume que el deseo de pecar permanece en nosotros. En plena presencia de Dios ese deseo acabará de una vez y para siempre.

A medida que llegamos al final de este análisis acerca de Satanás, es importante recordar un hecho crucial. Si bien Satanás es el adversario de Dios, *no* es igual a Dios. "Existen docenas de referencias de Dios en las Escrituras por cada una de las referencias de Satanás", describe el autor cristiano John Ortberg. "Esto refleja una verdad teológica algunas veces olvidada de que el diablo de ninguna manera es la contraparte de Dios. Es una criatura, no el Creador."[18] Cuando se lo compara con Dios, la inferioridad de Satanás se acentúa. Mientras que Satanás puede estar en un lugar a la vez, Dios está en todas partes (Sal 139:7-18; Sal 11:4); el conocimiento de Satanás está limitado a lo que puede observar, mientras que Dios sabe todo (Is 46:9-10; Col 2:2-3); la fuerza de Satanás es impresionante, pero la fuerza de Dios no tiene límites (Job 42:2; Ef 3:20). Sin embargo, solo porque el poder de Dios eclipsa el de Satanás, sería erróneo pensar que la batalla entre Dios y Satanás no es real.

En Daniel 10 podemos observar la realidad de esta lucha cósmica. En este capítulo inquietante, aprendemos que el profeta Daniel está cada vez más desanimado porque ha ayunado y orado durante tres semanas para obtener ayuda divina, pero no ha recibido ninguna. De repente, aparece un ángel que le informa que fue enviado por Dios luego de la *primera* oración de Daniel, pero que se demoró porque "el príncipe del reino de Persia se me opuso durante veintiún días" (vv.12-13). El ángel finalmente logró romper la resistencia demoníaca solo cuando el arcángel Miguel se presentó para luchar junto a él (v.13). Si bien este pasaje está lleno de misterio y debe ser interpretado con sumo cuidado, podemos determinar varios aspectos. Primero, si bien la superioridad de Dios nunca estuvo en duda, existen momentos en que la resistencia demoníaca puede obstaculizar a sus ángeles y nuestras oraciones. Segundo, si la lucha es real para los ángeles como Miguel, entonces podemos estar seguros de que es igualmente real para nosotros. Tercero, aunque Satanás sea inferior, igualmente puede obtener victorias significativas.

Satanás no solamente es inferior a Dios, sino que es una criatura derrotada. Las Escrituras nos aseguran que el destino de Satanás está sellado: un día será desterrado al exilio para siempre. Para graficarlo, Juan les asegura a sus lectores que Satanás, y todos aquellos que lo siguieron voluntariamente, serán "arrojados" a un lago de fuego, donde serán forzados a enfrentar las consecuencias de su rebelión "día y noche" por la eternidad (Ap 20:10). Sin embargo, los seguidores de Cristo viven en la realidad de que este destierro final todavía debe ocurrir. Nuestro enemigo se encuentra desesperado, herido y en busca de una pelea.

Hacia el final de 1944, los ejércitos alemanes estaban destrozados y Hitler se confinó a sí mismo en Berlín. Si bien el resultado final de la guerra ya no estaba en duda, esto les importó poco a los soldados que defendían al Tercer Reich. Algunos conflictos del final de la guerra, tales como la Batalla de las Ardenas, fueron las luchas más feroces. ¿Por qué?

Los soldados alemanes, al enfrentar cierta derrota, continuaron implacablemente con la lucha para defender su patria. De hecho, algunas de las tropas más empedernidas de Hitler continuaron luchando durante semanas luego de que Alemania se hubiera rendido oficialmente el 7 de mayo de 1945. Lo mismo ocurre con nuestra batalla contra Satanás. Las Escrituras nos afirman que la tierra es el dominio de Satanás (1 Jn 5:19), y aunque él sabe que al final saldrá perdedor, todavía defiende ferozmente su territorio. Pedro, cuando describió a esta criatura angelical derrotada, explicó que era "un león rugiente" que buscaba devorar a aquellos a su alrededor (1 P 5:8). Pedro utilizó un lenguaje gráfico intencionalmente para capturar nuestra atención y provocar que nos preparemos para posibles ataques.

PARA CONTINUAR LA CONVERSACIÓN

1. ¿Qué imágenes asocia con Satanás o el diablo? Realice una lista de cinco descripciones del diablo que vengan a su mente inmediatamente. ¿Estas imágenes son estimuladas por las Escrituras o por la cultura popular?
2. Mientras que la mayor parte de la iglesia global considera a Satanás de forma seria, la iglesia en occidente lucha por aceptar la realidad de la batalla espiritual. ¿Por qué?¿Por qué la incómoda idea de la batalla espiritual provoca que los cristianos de occidente se mantengan al margen de la realidad de Satanás?
3. ¿Qué evita que como pareja acepten la realidad de la batalla espiritual? ¿Con qué frecuencia usted o sus amigos discuten acerca de Satanás o de la posibilidad de una oposición espiritual?

2

¿POR QUÉ LE INTERESA MI MATRIMONIO A SATANÁS?

Sarah es una mesera común y corriente que trabaja en un restaurante de poca monta. Además de sus clientes regulares, se da cuenta de que siempre hay un extraño que merodea por el lugar. Lleva campera de cuero negra y anteojos oscuros de sol, nunca entra, simplemente observa a través de la ventana que está al frente del restaurante. A Sarah cada vez le resulta más difícil pensar que sea una coincidencia. Inesperadamente, una mañana el extraño ingresa al restaurante, aparentemente esconde algo por detrás de su espalda. De repente, desenfunda una escopeta y comienza a dispararle ¡a ella! Mientras ella corre hacia la parte trasera del restaurante, él la persigue con la intención de matarla. ¿Por qué me persigue? ¿Por qué me eligió a mí? ¿Qué *fue lo que hice?* Sus pensamientos la aturden mientras logra escapar por poco.

Con el tiempo, Sarah se da cuenta de que ella es el blanco de un robot asesino del futuro que intenta matarla. ¿Por qué? Más adelante comprende (junto con millones de fans del clásico de ciencia ficción *Terminator* del año 1984), que en un futuro cercano la humanidad estará prácticamente extinta en manos de unas hostiles máquinas hiperinteligentes. Sin embargo, a su vez, los humanos liderarán exitosamente una rebelión contra las máquinas que estará a cargo de una líder poco probable: Sarah Connor. Para detener la rebelión, las máquinas envían a un robot (interpretado por Arnold Schwarzenegger, "¡Volveré!") al pasado para que haga desaparecer la rebelión *antes* de que comience, ¡y Sarah se da cuenta de cuán importante es ella! Para aquellos que no conocen la saga *Terminator*, la trama puede parecer demasiado irreal: ¿una mesera que lidera una rebelión humana contra robots asesinos de alta tecnología? ¿Qué hará? ¿Arrojarles el dinero de la propina?

Irónicamente, las Escrituras nos presentan una trama que parece igual de improbable. La Tierra ha sido profundamente influenciada por un ser angelical siniestro y su horda de seguidores rebeldes. Aprendemos que esta fuerza angelical ha influenciado a países enteros y a sistemas mundiales. ¿Cuál es la respuesta de Dios? En un acto poco probable, Dios asume la forma humana y lidera personalmente una fuerza invasora que termina liberando a la tierra. En un giro inesperado que presagia *Terminator*, El no elige venir a la tierra como un líder militar o político, sino como un carpintero de un lugar de poca monta sin demasiada descripción llamado Nazaret. La fuerza invasora de Dios no está compuesta por religiosos de *elite*, sino por personas ordinarias como agricultores, campesinos, pescadores e incluso por los marginados recolectores de impuestos. En otras palabras, son de la misma clase de Sarah Connor que todavía deben darse cuenta del lugar de importancia que ocupan, pero de todas formas son blancos del enemigo. ¿De qué forma nuestros matrimonios encajan en los planes de invasión de Dios? La respuesta es mucho más clara cuando entendemos qué es lo que motiva la rebelión de Satanás contra Dios.

LA ÚLTIMA PAJA DEL CAMELLO

Cuando era niño, en mi familia jugábamos a un juego llamado "La última paja del camello." Es un juego simple en el cual, basado en las tarjetas que uno recibe, debe colocar pajas de plástico en la espalda de un camello de juguete. Si usted llega a ser el desafortunado que coloca *demasiadas* pajas en la espalda del camello y éste se abre en dos, pierde el juego. Aparentemente, Satanás hizo su propia versión de este juego con Dios. ¿Cuáles fueron los agravios (pajas) sufridos que llevaron a Satanás a cruzar los límites hacia una rebelión cósmica? Como describimos en el capítulo uno, como querubín, Satanás tenía acceso exclusivo al trono de Dios y su tarea era otorgarle a Dios la adoración que merecía por derecho. Lo que le comenzó a molestar a Satanás fue el hecho de que no poseía su propio trono o dominio sobre el cual pudiera reinar (Is 14:13). Con el tiempo, su deseo de ser superior a Dios comenzó a crecer. Sin embargo, ¿cuál fue la última paja que impulsó al lucero de la mañana a convertirse en el adversario de Dios (Satanás)? Sorprendentemente, ¡fue cuando nosotros fuimos creados! La posición especial que le fue otorgada a la humanidad fue el desprecio final.

Cuando el Rey David reflexiona sobre el amor especial que Dios tiene por los seres humanos, nos proporciona una profunda percepción de las muchas pajas que le provocaron celos a Satanás. En una rápida sucesión, David detalla los factores que afectaron el ego de Satanás. Primero, mientras David reconoce todas las obras de Dios (los cielos, la luna, las estrellas) se maravilla de que Dios esté más atento de los seres humanos que de las galaxias. Escribe lo siguiente: "¿Qué es el hombre para que de él te acuerdes, y el hijo del hombre para que lo cuides?" (Sal 8:4 LBLA). Los términos *acordarse* [o *ser consciente*] y *cuidar* revelan mucho del afecto que Dios tiene por nosotros. La palabra hebrea para *consciente* proviene de la raíz *zkr*, que se refiere a una persona que recuerda a otra con amor. En el protector de pantalla de mi laptop tengo una foto de mis tres hijos de pie, hombro a hombro. Cada vez que enciendo la computadora, esa foto me recuerda el afecto que tengo por cada uno de ellos. Lo mismo ocurre con la amorosa consciencia de Dios con respecto a nosotros. El término *cuidar* proviene de la raíz *pqd*, que puede significar buscar o anhelar a una persona. El erudito en el Antiguo Testamento, Gerald Wilson, concluyó: "Es como si el hecho de que Dios se acordara de sus criaturas humanas provocara tal anhelo por ellas que siente el deseo de buscarlas y prodigarles cuidado."[19] ¿En qué medida este cuidado y plena atención de Dios por las criaturas humanas comenzó a afectar a Satanás?

Otro desprecio, o paja, percibidos fue la posición de exaltación que Dios le otorgó al ser humano. David afirma que Dios hizo al ser humano "poco menor que los ángeles, y lo coronaste de gloria y de honra" (Sal 8:5). Los seres humanos, aunque somos frágiles, según la opinión de Dios somos *un poco menores* que los seres angelicales que habitan en los cielos.[20] Además, somos coronados de gloria y de honra. En el mundo del Cercano Oriente, los reyes les mostraban a los demás que tenían un estatus especial otorgándoles coronas. Sorprendentemente, David escribe que somos coronados de *gloria*: el mismo término hebreo (*kabod*) generalmente se utiliza para referirse a Dios. En otras palabras, cuando Dios nos mira, ve aspectos de su propia gloria. En su clásico *Cartas del Diablo a su sobrino*, C. S. Lewis imagina de qué manera un demonio respondería al amor de Dios por los mortales. Escrutopo, un demonio mayor, está disgustado de que ¡"este animal, esta cosa engendrada en una cama" pudiera contemplar a Dios y encontrar tan íntima gracia![21]

Otra paja significativa es que Dios nos hizo "señorear sobre las obras" de sus manos y puso todo "debajo de [nuestros] pies" (Sal 8:6). Dios distinguió a los seres humanos "con la gloria y honor de su imagen, por lo tanto, también los distinguió al otorgarles la responsabilidad sobre la tierra."[22] Se nos ha entregado un mundo (considerado bueno por Dios) para que ejerzamos dominio sobre él. Un lugar para nosotros que implica responsabilidad, privilegio y honor.

Para resumir, el gran anhelo de Satanás era obtener la gloria a la par de Dios y tener un lugar en el cosmos que fuese suyo: un lugar sobre el cual pudiera tener dominio y transformar a otros a su propia imagen. ¿Cuán grande fue la ofensa que sintió cuando descubrió que los seres humanos no solamente eran objeto del cuidado de Dios, sino que esencialmente fueron colocados al mismo nivel que los seres angelicales, y que a ellos (y no a Satanás) se les otorgaría un lugar para gobernar? El resultado de tantos aparentes desprecios despertó una rebelión incorregible contra Dios. Derrotado, Satanás fue desterrado del cielo y enviado a la tierra. ¿Qué ha estado haciendo desde entonces?

INVESTIGUEMOS CON MAYOR PROFUNDIDAD

Las Escrituras mencionan que los ángeles poseen gran interés en los asuntos de los seres humanos. Un aspecto de interés particular es la voluntad de Dios de sacrificar a su único Hijo para salvar a los rebeldes seres humanos. Pedro escribe respecto a este tema que son "cosas en las cuales anhelan mirar los ángeles" (1 P 1:12). El verbo *parakypto*, "anhelar ver" significa "inclinarse para ver," y sugiere una exploración profunda, en vez de un vistazo. Sin embargo, lo que provocó gozo para algunos ángeles, sin duda enfureció a otros. ¿Es posible que para los ángeles caídos (demonios) el hecho de que Dios se ocupara de los pecadores seres humanos haya solidificado su rebelión? ¡Pecan y Dios los sigue amando! ¡Se rebelan y, aun así, Dios envía a su Hijo para salvarlos! ¿Por qué son tan especiales?

LOS MITOS DE SATANÁS SOBRE EL MATRIMONIO

Escrito en el siglo V antes de Cristo, *El arte de la guerra* es considerado uno de los libros definitivos sobre tácticas de batalla. El autor, Sun Tzu, dedica trece capítulos a los distintos aspectos de la guerra. Sin embargo, el capítulo más importante no está dedicado a las armas, al liderazgo o a la moral, sino al *terreno*. Sun Tzu afirma que las batallas se ganan o se pierden debido a quién controla el terreno (como por ejemplo quién asegura el terreno elevado). Si el terreno no se adapta a sus propósitos, entonces modifíquelo para que se adapte a su estrategia (arranque árboles de raíz, realice una presa con fuentes de agua, cree su propio terreno elevado con materias primas). Al parecer, Satanás tomó una página del libro *El arte de la guerra*.

Desde que fue desterrado del cielo y arrojado a la tierra, Satanás ha estado modificando el terreno para que se adapte a sus propósitos. Pero, ¿de qué manera? Las Escrituras nos dan un indicio cuando Juan afirma alarmantemente: "el mundo entero está bajo el maligno" (1 Jn 5:19). El erudito en el Nuevo Testamento, Clint Arnold, desentraña esta inquietante declaración. Arnold explica que para Juan el "mundo" hace referencia a "la sociedad de los seres humanos en cuanto a su oposición a Dios" y se extiende hasta "las instituciones y organizaciones humanas, el orden social y político."[23] En otras palabras, Satanás está cambiando el terreno de nuestro mundo, en parte al influenciar profundamente la forma en que nuestra cultura considera a Dios, al sexo, al matrimonio, al amor y al dinero, entre otras cosas. Recuerde que "la cultura no es más que la conversación constante y curiosa que se lleva a cabo entre cada uno de nosotros y el entorno en el cual vivimos: nosotros mismos como parte de ese entorno."[24]

Las siguientes observaciones nos ofrecen un indicio en cuanto a la forma en que Satanás ha intentado influenciar nuestras conversaciones sobre temas clave, al moldear el terreno cultural sobre el que nos encontramos. Si bien la lista no es exhaustiva, nos ayuda a comprender cómo es que el objetivo de Satanás no se trata solamente de solidificar su oposición contra Dios, sino también de debilitar las relaciones humanas en el proceso.

El matrimonio como un contrato. Con el transcurso del tiempo, los norteamericanos han adoptado una visión contractual del matrimonio como una obligación legal. Al igual que en cualquier contrato, dos partes acuerdan cumplir con su parte del acuerdo. Si alguna parte infringe el contrato o viola alguna parte clave del mismo, todo el contrato se considera inválido. Bob Larkin, en una nota para la revista *Men's Health*, declara con osadía: "El secreto para la felicidad a largo plazo es simple: considere su matrimonio como una transacción."[25] Sin embargo, ¿qué sucede cuando la transacción sale mal?

El verano pasado hicimos pintar nuestra casa. Con anticipación, acordamos con el pintor la calidad y el color de la pintura, los imprevistos por mal clima y el plazo de entrega del trabajo. Firmamos un contrato y le pagamos un anticipo. Cuando finalizó el trabajo, caminamos por la casa para inspeccionar la calidad del trabajo. Entonces nos dimos cuenta de que el pintor había utilizado otro tono de blanco (¿quién hubiese pensado que existían tantas variedades?) del que queríamos. ¿Cuál fue nuestra respuesta? Retuvimos el pago final hasta que cumpliera con su obligación. Bienvenido al matrimonio norteamericano.

Muchas parejas en la actualidad se manejan según la visión que sugiere; *tú haz tu parte, y yo hago la mía*. Sin embargo, ¿qué sucede cuando un cónyuge siente que el otro no está haciendo su parte? ¿Y qué sucede si siento que estoy haciendo *más* que el otro? Un antiguo refrán afirma: *una persona que dice que se encontrará contigo a mitad de camino, generalmente no sabe juzgar correctamente las distancias*. Los psicólogos señalan que un error fundamental que cometemos al juzgar a los demás es que estamos influenciados por la calidad y la cantidad que creemos que aportamos a las relaciones. En otras palabras, desde mi perspectiva, ¡siempre estoy haciendo *más*! Desde el punto de vista contractual del matrimonio, las parejas siempre se están evaluando mutuamente y, en muchos casos, llegan a la conclusión de que su cónyuge no está haciendo su parte. Con el tiempo, surge la decepción y las personas buscan una salida.

David Popenoe, un investigador social en la Universidad de Rutgers, afirma que el matrimonio solía ser un vínculo de dependencia mutua arraigado en familias extensas y "un vínculo religioso de valor sacramental." Nos brinda una evaluación escalofriante sobre el estado actual del matrimonio: "El matrimonio se ha convertido en una búsqueda puramente personal; en un contrato implícito y no muy aplicable entre dos personas, en una relación destinada a satisfacer las necesidades básicas de intimidad, dependencia y sexo. Cuando estas necesidades cambian, o cuando se encuentra una pareja supuestamente mejor, los matrimonios se disuelven rápidamente."[26]

Matrimonios con múltiples tareas. Me siento frente a la televisión con mi *laptop* abierta. Mientras miro la televisión de vez en cuando, paso de responder los correos electrónicos, a revisar los últimos resultados deportivos a las últimas noticias informativas. En el mundo atareado en el que vivimos hoy, me adapté a trabajar en varios proyectos en simultaneo. Mi esposa entra a la habitación y me pregunta si puedo darle mi opinión. "Seguro," le respondo. Mientras habla, inmediatamente me doy cuenta de que mi atención se enfoca en los correos que todavía no terminé de escribir o en la vibración del celular que siento en mi bolsillo. Le ofrezco una respuesta rápida y le sugiero que hablemos más tarde. Ansiosamente regreso a mis tareas sin terminar. Justifico mi distracción ya que me prometo a mí mismo que cuando discutamos sobre su preocupación más tarde, ella tendrá *toda* mi atención. Los investigadores afirman que no es tan así.

Clifford Nass, un profesor de comunicación de Stanford que estudia la capacidad de atención del ser humano, asegura que pasar continuamente de una tarea a otra puede generar dificultad para realizar una tarea a la vez (enfocarse en una sola cosa). Explica: "Tenemos escalas que nos permiten dividir a las personas que realizan muchas tareas al mismo tiempo de manera continua, de aquellas que rara vez lo hacen, y las diferencias son extraordinarias. Las personas que siempre realizan varias tareas al mismo tiempo no pueden filtrar lo que es irrelevante. No pueden utilizar una memoria funcional. Están distraídas de forma crónica."[27]

En otras palabras, cuando asumo que ni bien retomemos la conversación con mi esposa podré brindarle toda mi atención puede ser una promesa que no pueda cumplir fácilmente. Si realizo múltiples tareas regularmente, ¿pierdo la habilidad de enfocarme en una sola cosa o persona? Nass concluye que cuando realizamos múltiples tareas "entrenamos a nuestro cerebro para una nueva forma de pensamiento. Y cuando intentamos volver a la forma anterior, nuestro cerebro es plástico, pero no elástico. No puede volver rápidamente a su forma anterior."[28]

Surge un resultado abrumador a partir de nuestra proclividad a las tareas múltiples. Las personas que realizan tareas múltiples en simultáneo de forma regular comienzan a considerar que todas las distracciones tienen el mismo peso o importancia.[29] En otras palabras, la distracción de un cónyuge se encuentra a la par de la distracción de responder correos electrónicos no leídos. Nuestra habilidad de reconocer o de otorgarle preferencia a los asuntos importantes se va viendo afectada lentamente.

El amor romántico puede completarnos. En 1995 se lanzó la página web *Match.com*. Muchos se burlaron de la idea de poder encontrar un alma gemela a través de un sitio web. En la actualidad, *Match.com* opera en veinticinco países diferentes, sin señales de detenerse. Si bien

Match.com puede ser el sitio de citas más popular, no es el único, ya que *eHarmony*, *Elite Singles*, *Zoosk*, *ProfessionalMatch* y *Christian Singles* también van ganando terreno. En realidad, el setenta por ciento de más de 2.500 servicios y aplicaciones en línea de hoy en día son utilizados por norteamericanos solteros.[30] Si bien algunos usuarios simplemente buscan relaciones casuales o conectarse con otras personas, muchos son impulsados por el deseo de finalmente conseguir aquel amor que los complete.

Sin importar cuál sea la comedia romántica más reciente (*Por eso lo llaman amor*, *Mi nueva yo*, *Entanglement* [Enredados]) todos mis estudiantes pueden citar diálogos palabra por palabra de dos películas emblemáticas que son las que más han moldeado la forma en que consideran el amor. En la película *Jerry Maguire*, un agente deportivo perdidamente enamorado (Tom Cruise) *finalmente* se da cuenta de que está enamorado de una madre soltera (Renee Zellweger) y decide colarse en una reunión entre ella y sus amigos. Mientras traspasa la puerta, pronuncia el guion ampliamente conocido por millones de amantes desolados: "¡Tú me completas!" A lo que ella responde: "Ya me tenías con el 'Hola'."

Las películas románticas también transmiten el mensaje de que la persona que lo completará puede ser completamente *diferente* a usted. Un año después de *Jerry Maguire*, se estrenó la emblemática película *Titanic*. Además de contar la historia del desafortunado viaje del RMS *Titanic*, le presenta a la audiencia el poco probable romance entre Rose DeWitt de diecisiete años (una pasajera de primera clase comprometida con un millonario) y Jack Dawson (un artista sin dinero). Cuando están en la proa del barco, y Jack la sostiene firmemente, Rose dice: "¡Estoy volando!" Se enamoran apasionadamente en un instante, consuman su relación incipiente en el asiento trasero de un auto que se encontraba en el depósito y sueñan con el futuro.

"Cuando el barco atraque, voy a irme contigo," le dice Rose.

"¡Eso es una locura!," le responde Jack.

"Lo sé," afirma Rose. "No tiene sentido. Por eso lo haré."

¿Cómo? ¿Adónde irán? ¿Cómo pagarán las cuentas? ¿Realmente se puede vivir del amor? Sí, concluyen millones de amantes desafortunados sentados en auditorios a oscuras.

¿Son las películas como *Jerry Maguire* y *Titanic* simplemente fantasías románticas inofensivas? Los investigadores de la universidad de Heriot Watt en Edinburgo buscaron determinar si ver regularmente ficciones románticas puede influenciar de forma negativa la forma en que consideramos el amor, el sexo y el matrimonio.

Su conclusión fue la siguiente: ver películas tales como *Jerry Maguire* o *Titanic* pueden arruinar su vida amorosa, ya que generan expectativas demasiado irreales que ninguna persona o relación puede llegar a cumplir.[31]

INVESTIGUEMOS CON MAYOR PROFUNDIDAD

Un momento crucial de la tentación de Cristo en el desierto es cuando Satanás lo lleva a lo más alto de un monte y le muestra todos los reinos del mundo y su esplendor. Satanás le dice: "Todo esto te daré, si postrado me adorares" (Mt 4:9). Es importante destacar varios factores. Primero, en un intento por engañar a Cristo, Satanás le presenta los reinos terrenales "y la gloria de ellos" (Mt 4:8) y convenientemente pasa por alto el pecado de la humanidad; una fachada de lo que realmente son. Segundo, mientras Jesús rechaza su oferta, no desafía la autoridad de Satanás para darle los reinos. Jesús reconoce que las estructuras de poder del mundo se encuentran temporalmente bajo su gobierno. Pablo concuerda con la valoración que hace Jesús cuando califica a Satanás como "el dios de este siglo" (2 Co 4:4).

EL MATRIMONIO CRISTIANO: RECLAMEMOS EL TERRENO PERDIDO

Si el objetivo de Satanás es ayudar a crear un terreno cultural que refleje sus prioridades, entonces el propósito de nuestro matrimonio debe ser el de contrarrestar sus prioridades al ser ejemplo de los valores arraigados en el reino de Dios. En síntesis, ofrecemos una alternativa viva al mundo que nos rodea.

En un área de cincuenta y cuatro manzanas en el centro de Los Ángeles, más de diecisiete mil personas sin hogar intentan vivir con un poco de dignidad. Es casi imposible tratar de asegurarse la dignidad, y mucho menos mantenerse abrigados, encontrar comida o practicar hábitos de higiene, debido a que existen solamente nueve baños públicos que pueden utilizar los habitantes una vez que los comercios o los restaurantes cierran. Con el transcurso del tiempo, esta zona fue tristemente conocida como *skid row* [barrio bajo]. El término fue otorgado por los leñadores que enviaban los troncos río abajo para recogerlos en una zona de espera donde los troncos se golpeaban entre sí. De forma similar, el barrio bajo es un conjunto masivo de personas que han sido abandonadas por sus proveedores de salud o que intentan conseguir seguridad en las finanzas. Miles de personas con pocos recursos se agolpan entre sí. ¿Qué esperanza tienen?

En el centro de *skid row* se encuentra una instalación de cinco pisos y casi veintiún mil metros cuadrados que se ha convertido en un santuario. *Union Rescue Mission* [La misión de la unión al rescate] es el refugio privado para personas sin hogar más grande de Estados Unidos y brinda alimento, refugio, vestimenta, asistencia médica, educación, formación laboral y guía espiritual a todos aquellos que entran por sus puertas. Lo más importante, esta fundación restaura la dignidad. En referencia a la deplorable falta de baños públicos para las personas sin hogar, el director de la fundación, Andy Bales, afirma: "No debemos permitir que ningún ser humano experimente esa clase de humillación, indignidad o vergüenza de tener que utilizar la vereda como si fuese un baño, mucho menos de vivir en la inmundicia."[32]

Bales solo refleja el corazón del fundador de la fundación. Esta misión fue fundada en los años del 1800 por el empresario petrolero Lyman Stewart, quien quiso representar físicamente el amor y la provisión de Dios. En resumen, una comunidad que ayudó a las personas no solo a sobrevivir, sino también a prosperar. El teólogo Rick Langer observa que las comunidades cristianas como *Union Rescue Mission* sirven como "un puesto de avanzada para el reino, un anticipo del cielo."[33] Lyman Stewart simplemente estaba siguiendo la exhortación de las Escrituras de mostrar "buena vuestra manera de vivir" entre los demás para que "glorifiquen a Dios... al considerar vuestras buenas obras" (1 P 2:12). Tal como Jesús nos recuerda: "una ciudad asentada sobre un monte no se puede esconder" (Mt 5:14).

EL MATRIMONIO COMO UN PUESTO DE AVANZADA PARA EL REINO DE DIOS

Si bien es algo alentador, ¿en qué se asocian los refugios para personas sin hogar con mi matrimonio? En un mundo donde las huellas de Satanás se encuentran por todas partes, ofrecemos matrimonios que reclaman el territorio ocupado por el enemigo, ya que son puestos de avanzada para un reino diferente. Como van en contra de la cultura, nuestros matrimonios operan bajo un conjunto de valores diferentes. Estos valores, si son aplicados, no solamente ayudan a que los matrimonios prosperen, sino que restauran el sentido de dignidad que fue originalmente otorgado por Dios. Las que siguen son formas de reclamar el territorio de las relaciones.

El matrimonio como pacto. En una cultura en la cual el matrimonio es considerado un contrato, vivimos relaciones que son pactos.

Uno de los pactos más conocidos, la Declaración de la Independencia de Estados Unidos, concluye: "Así que, para sostener esta declaración con una firme confianza en la protección divina, nosotros empeñamos mutuamente nuestras vidas, nuestras fortunas y nuestro sagrado honor."

Observe dos características de este pacto. Primero, es una promesa hacia otros que *no* se anula si la otra parte no cumple. Segundo, la habilidad para cumplirla reside completamente en la providencia o en el poder de Dios. De la misma manera, los matrimonios de pacto se comprometen a ser fieles entre sí, incluso si uno de los cónyuges no cumple con su parte. Y lo más importante, el matrimonio obtiene su fuerza de Dios, y no simplemente uno del otro. En resumen, los cónyuges en un matrimonio de pacto son pacientes entre ellos, y el perdón que se brindan no se basa en méritos, sino que lo ofrecen como un derramamiento natural del amor perdurable de Dios (Col 3:13).

Matrimonios enfocados. Hoy en día, los cónyuges se involucran en realizar múltiples tareas al mismo tiempo en su afán por hacer *más* cosas. Cada día afecta al siguiente y produce fatiga, ansiedad e inquietud. Los matrimonios cristianos (basados en el descanso del sábado) buscan regularmente romper con el impulso de la cultura. El teólogo Walter Brueggemann declara que el sábado es moderación. Afirma que el sábado es "un antídoto para la ansiedad que surge de nuestro deseo y, al mismo tiempo, alimenta esos deseos de obtener más. El sábado es un terreno para reconocer que vivimos por gracia y no por posesión, que somos satisfechos con las relaciones que proporcionan una fidelidad amable y no por la acumulación de bienes."[34] Los cónyuges que buscan amarse mutuamente conforme a los principios bíblicos (poner en primer lugar las necesidades del otro, amar incondicionalmente, brindar una atención total) tienen una comprensión profunda de que necesitan descansar plenamente en el amor, la gracia y la provisión de

Dios. Como sugiere el salmista, la fuerza se encuentra en "estar *quietos*" (Sal 46:10).

En la actual cultura de las múltiples tareas, las parejas cristianas necesitan aprender a estar *quietos*, al priorizar las necesidades de su cónyuge y aprender a otorgarle completa atención al otro. Para utilizar la terminología de Nass, necesitamos volver a entrenar nuestros cerebros para enfocarnos en lo que es importante. Una forma clave de determinar lo que es importante es cultivar el descanso del sábado, donde nos enfocamos en las prioridades de Dios. El resultado es un profundo depósito de la gracia de Dios del cual podemos servirnos para extender la gracia y una atención enfocada en el otro.

El único que puede completarnos es Dios. Sin importar lo que prometen las películas románticas, los cristianos entendemos que ningún ser humano, ya sea un cónyuge o un hijo, puede darnos lo que anhelamos: amor puro e incondicional. En sus *Confesiones*, San Agustín sabiamente destaca que solamente el amor de Dios puede completarnos. Declara: "porque nos has hecho para ti y nuestro corazón está inquieto hasta que repose en ti."[35] Únicamente después de arraigarnos en el amor perfecto de Dios es que seremos capaces de aceptar los altibajos del amor humano. En pocas palabras, no espero que mi cónyuge me ame de una forma que solo Dios puede amarme.

¿Por qué mi matrimonio es un blanco? Al igual que *Union Rescue Mission*, que sirve como una brillante alternativa para los habitantes de *skid row*, nosotros también les ofrecemos a nuestro prójimo un vistazo de cómo es un matrimonio basado en el pacto, cuando lo ejemplificamos conforme a las prioridades del reino. Cada vez que nuestro matrimonio refleja los valores de Dios, recuperamos un poco del terreno que fue moldeado por la rebelión del ser humano, incitados por influencias espirituales. Sin embargo, actuar contra la cultura conlleva un riesgo potencial.

INVESTIGUEMOS CON MAYOR PROFUNDIDAD

Si tenemos en cuenta que tal como las Escrituras lo afirman, todo el mundo se encuentra bajo el poder del maligno, ¿toda la cultura es mala? No. En su compasión, Dios ha infundido al mundo con lo que los teólogos denominan gracia común. Gracia común significa que los conceptos de bondad, belleza, compasión, coraje, justicia y amor se encuentran disponibles para todos. Por este motivo, los paramédicos, los líderes cívicos, los docentes, los doctores y los políticos, entre otros, que no son cristianos pueden hacer mucho bien a la sociedad. Los cristianos necesitamos confirmar lo bueno que tiene la cultura, y al mismo tiempo resistir a los aspectos que se desvían del reino de Dios.

EL ÁNIMO Y LA ADVERTENCIA DE PABLO

En la carta de Pablo dirigida a la iglesia de Éfeso se nos recuerda que como seguidores de Cristo en otro tiempo éramos "tinieblas", pero ahora andamos como "hijos de luz" (Ef 5:8). En el pasado, invertimos en un terreno cultural esculpido en parte por fuerzas espirituales que se encontraban en guerra contra Dios. Sin embargo, ahora presentamos vidas que permiten que otros vislumbren un nuevo tipo de terreno que se encuentra repleto del amor de Dios. Pablo afirma que una forma clave en la que les mostramos a los demás el amor de Dios es a través de nuestros matrimonios.

Hacia el final de su carta, Pablo proporciona una descripción profunda de cómo funciona el matrimonio cristiano. Si bien Pablo aborda diversos temas (la pureza sexual, dejar a un lado el lenguaje vulgar, rendirse al Espíritu, someterse el uno al otro, el liderazgo del esposo) es crucial enfocarse en la *motivación* para realizar lo que Pablo ordena. Como esposo, se me pide que ame a mi esposa "así como Cristo amó a la iglesia, y se entregó a sí mismo por ella" (Ef 5:25). Mi motivación está arraigada en la manera en que Cristo me ama. El teólogo A. Skevington Wood destaca que Pablo insiste en que "el amor de un hombre cristiano por su esposa debe ser una respuesta y una expresión del amor de Dios representado en Cristo, que se extiende a la iglesia."[36] En otras palabras, mi motivación para amar y sacrificarme por mi esposa (contrario a la visión contractual del matrimonio) no se basa en que ella sea fácil de amar o incluso que yo me ame a mí mismo. Yo amo como Cristo me amó a mí.

Lo mismo aplica para mi esposa, a quien se le ordena que me respete "por reverencia a Cristo" (Ef 5:21 NVI). El término griego para "reverencia" significa venerar o tratar con deferencia. El respeto de mi esposa hacia mí o su voluntad de seguirme no son motivados por mis acciones, sino por la profunda reverencia hacia su Salvador. Esto no significa que una esposa debe seguir ciegamente a un esposo que la abandona, que es abusivo o que intenta conducirla al pecado. Un esposo cristiano puede abdicar su rol y su autoridad a causa de sus decisiones pecaminosas.

La motivación que incentiva a los cónyuges cristianos descripta por Pablo se contrasta completamente con el enfoque que el mundo tiene acerca del matrimonio que implica "Yo cumplo mi parte, tú cumple la tuya." Una vez abordado el tema de nuestra motivación, Pablo nos prepara para las luchas significativas que tendremos por delante.

Después de que Pablo completa su visión del matrimonio cristiano, se enfoca en suplicarnos "vestíos de toda la armadura de Dios" para que podamos "estar firmes contra las asechanzas del diablo" (Ef 6:11). En las cartas originales de Pablo no había divisiones por capítulos. Por lo tanto, su discusión acerca del matrimonio y de la guerra espiritual no están por separado, sino que son un pensamiento seguido del otro. El mensaje no puede ser más claro: construir nuestro matrimonio sobre principios bíblicos conllevará a una lucha espiritual, ya que nuestra lucha no es contra "sangre y carne" sino "contra principados, contra potestades, contra los gobernadores de las tinieblas de este siglo" (Ef 6:12).

¿Cómo es esta lucha contra las fuerzas espirituales en la vida cotidiana? ¿Cómo puedo darme cuenta si la pelea con mi cónyuge se trata solamente de una diferencia de opiniones, o si es algo incitado por las fuerzas espirituales? En el capítulo tres consideraremos formas prácticas para diagnosticar si existe algo demoníaco en una situación.

ENTREVISTA: UN ANÁLISIS ACERCA DE LA GUERRA ESPIRITUAL

Joanne Jung es una talentosa profesora, escritora y mentora de estudiantes. Sin embargo, su pasión es ser esposa, madre y abuela. Ella se toma en serio la idea de que existen fuerzas malignas que pueden atacar a su matrimonio, a sus hijos y a sus nietos. Generalmente, lo que impide que las parejas hablen entre sí o con sus hijos sobre Satanás y la guerra espiritual es la confusión con respecto a la forma de cómo abordar el tema. ¿Cómo discutimos acerca de Satanás sin asustar al otro o a los niños? Joanne ha encontrado una fuente de sabiduría poco común para discutir temas espirituales de todo tipo: los puritanos ingleses.[37] ¿Cómo puede ayudarnos la percepción de los puritanos a discutir la controvertida realidad de la guerra espiritual?

TIM: Ha encontrado una fuente de sabiduría que puede ayudar a los cónyuges o a los padres a generar un ambiente para discutir temas espirituales de todo tipo. ¿Qué fue lo que la llevó hacia los puritanos para buscar dirección?

JOANNE: Los puritanos eran apasionados con respecto a dos ideas. Primero, tenían en alta estima a las Escrituras. Las Escrituras les servían como una prueba de fuego para sus vidas. Segundo, estaban profundamente preocupados por encontrar la manera de vivir en la práctica lo que establece la Biblia. Generalmente se decían entre ellos: "¿Cómo se encuentra tu alma frente a Dios?"

TIM: Pensaba preguntarle eso mismo al principio de la conversación, pero lo olvidé.

JOANNE: (risa por lo bajo) Quizás la próxima vez.

TIM: ¿De qué formas los puritanos intentaban aplicar lo que aprendían a través de la lectura de la Palabra de Dios o de lo que escuchaban en un sermón?

JOANNE: Después de un sermón, se reunían en familia, o con un grupo pequeño de amigos, y compartían y discutían las notas que habían tomado. Este tipo de reunión se llamaba *conferencia*.

TIM: ¿Podría brindarnos más información al respecto?

JOANNE: Las conferencias eran un ritmo en el cual se llevaban a cabo conversaciones espirituales que estaban fundamentadas en verdades bíblicas. El objetivo era ocuparse de la otra persona, haciéndole preguntas bien formuladas, que llevarían a una comprensión mayor de Dios, de las cosas de Dios y de los demás.

TIM: ¿Las conferencias eran una parte habitual de la vida familiar de los puritanos?

JOANNE: ¡Así es! Los padres sentían la gran responsabilidad de involucrar a sus hijos mediante discusiones familiares guiadas que buscaban considerar seriamente la Biblia. No esperaban a que sus hijos fuesen influenciados por un pastor o un líder de jóvenes. Una gran responsabilidad del crecimiento espiritual se encuentra en el hogar. Los padres se tomaban en serio el mandamiento de enseñarles a los hijos mientras cenaban, mientras hacían los quehaceres del hogar o mientras descansaban (Dt 6:5-9). Los puritanos se referían a sus familias como *pequeñas iglesias*.

TIM: ¿Cómo sería eso hoy en día? ¿Cómo podrían los padres utilizar la idea de las conferencias para discutir la guerra espiritual?

JOANNE: Bueno, podrían reunir a la familia y decir algo como: "Como padres, queremos tomar seriamente lo que establece la Biblia. Hacerlo implica tomar en serio la idea del diablo y de la guerra espiritual. Cuando ustedes leen, pueden ver cuántas veces Jesús aborda este tema. ¿Qué debemos hacer como familia para seguir su ejemplo? ¿Cómo sería vivir lo que Jesús creía?"

TIM: Entonces, ¿se trata de llevar adelante una discusión guiada y no un gran sermón por parte los padres? ¡Los sermones me salen muy bien!

JOANNE: Es fácil caer en darles sermones a nuestros hijos. El objetivo de las conferencias es estimular el pensamiento de los demás acerca de la manera en que los asuntos bíblicos se relacionan con la vida. No sirven solo para pasar el rato o para brindar un discurso largo. Como familia, nos preguntamos de qué manera se aplica a la vida cotidiana un tema bíblico como la guerra espiritual.

TIM: ¿Cómo debería terminar este tipo de reunión?

JOANNE: Quizás con una oración. "¿Qué sucedería si, como familia, oráramos con frecuencia para que el Espíritu Santo nos muestre de qué manera puede intentar el diablo arruinar nuestra familia?" En la siguiente reunión familiar, cada uno podría compartir lo que el Espíritu le reveló.

TIM: Entonces, esto es para todos, no solo para los niños.

JOANNE: Los hijos necesitan ver que sus padres se ocupan de su espiritualidad, y que permiten que el Espíritu de Dios se manifieste en ellos. ¡Las conferencias son para toda familia!

TIM: Una última pregunta. ¿Qué sucede si quienes leen este libro tienen niños pequeños? ¿Cómo pueden desarrollar el tema de la guerra espiritual sin causarles pesadillas?

JOANNE: Realmente queremos ser sensibles a los oídos de los niños. Quizás cuando cantamos esa conocida canción "*This Little Light of Mine*" [A esta pequeña luz], podemos captar la atención sobre una parte clave.

TIM: Recuérdame la letra.

JOANNE: "A esta pequeña luz, la dejaré brillar." Y el segundo verso dice: "No permitas que Satanás la apague." De esta manera, le presentamos de a poco el tema a los niños. Más adelante, podemos explorar de qué manera Satanás intenta apagar nuestra luz o pasión por Cristo.

TIM: Parece que los puritanos han tenido un gran impacto en su vida.

JOANNE: (sonriendo) Yo digo que son algunos de mis mejores amigos ancianos que han muerto.

PARA CONTINUAR LA CONVERSACIÓN

1. ¿Qué diferencia hay entre adoptar una visión de pacto del matrimonio (fidelidad incondicional al cónyuge) o adpotar una visión contractual (evaluar al otro para ver si cumple con su parte de la relación)? ¿De qué manera puede fomentar la gracia hacia el cónyuge la visión de pacto?
2. En un mundo frenético de tecnología y de tareas múltiples, ¿cómo sería el descanso del sábado cada semana? ¿Qué pasos prácticos podría tomar una pareja para hacer un ayuno de tecnología semanal?

3. Únicamente después de arraigarnos en el amor perfecto de Dios es que seremos capaces de aceptar los altibajos del amor humano. ¿De qué formas estoy esperando que me ame mi cónyuge de una manera en que solo Dios puede hacerlo?
4. Si aplicara el concepto de los puritanos sobre las conferencias, ¿cómo estructuraría una reunión familiar para discutir la realidad de la guerra espiritual? ¿Cómo podría empezar? Quizás, comience la conversación con esta cita que invita a la reflexión del teólogo Clint Arnold: "algunos de nosotros sufrimos de una doble mentalidad. Aunque mentalmente aceptamos la probabilidad de que existen espíritus malignos, tal como lo afirma la Biblia, en la realidad no produce ninguna diferencia práctica en la forma en que vivimos nuestra vida cotidiana."[38]

3

¿CÓMO ME DOY CUENTA SI ESTOY ATRAVEZANDO UNA LUCHA ESPIRITUAL?

Es increíble cómo pueden cambiar las cosas en doce meses.

Cuando Ken y María comenzaron a salir sabían que eran opuestos. Ken era un contador al que le encantaban las estadísticas y María enseñaba en una escuela primaria y sentía pasión por las artes. Sin embargo, parecían equilibrarse entre sí. Él aportaba organización y previsibilidad y ella lo ayudaba a relajarse para que pudiera ser más espontáneo. Si bien ninguno de sus amigos los hubiera imaginado como pareja, parecía que funcionaba de una forma extraña. Luego, se casaron.

Rápidamente pasaron de verse ocasionalmente a vivir juntos las veinticuatro horas del día. Con el transcurso del tiempo, las fortalezas y las peculiaridades que los habían atraído comenzaron a volverse la causa de su irritabilidad. Lo que más le agradaba a Ken de María era su energía inagotable y su espontaneidad, pero estaba desconcertado en la manera en que manejaba las finanzas. María apreciaba la actitud resolutiva de Ken, pero comenzó a sentirse cada vez más sofocada. La ira que surgió a causa de estos desencuentros los sorprendió a los dos.

¿Cómo puede ser que dos personas que se aman atraviesen períodos donde no quieran siquiera estar juntos en la misma habitación? Lentamente, los pensamientos positivos y esa sensación de que el otro era lo mejor que les podía ocurrir se transformó en la resignación de que las cosas solo empeorarían. ¿Cómo nos sentiremos el uno del otro en 5 años?, se preguntaba María.

¿Cómo podrían distinguir entre los tropezones de su forma de relacionarse propios de la transición del matrimonio y la posible presencia de una oposición espiritual? Todas las parejas experimentan altibajos en el matrimonio. Pero, ¿qué ocurre si nos encontramos dentro de una mala racha que no se acaba más? ¿Qué deberíamos buscar cuando las luchas matrimoniales no cesan y los malos pensamientos no desaparecen más? ¿Son simplemente problemas matrimoniales o hay algo más? ¿Qué criterio podemos usar?

En este capítulo, revisaremos cuidadosamente los síntomas o señales de que existe una actividad demoníaca. Para esto consideraremos el criterio utilizado por los cristianos a través de los siglos, y luego nos enfocaremos en los indicadores específicos acordados por los teólogos.

PROBAR LOS ESPÍRITUS

Juan escribe: "Amados, no creáis a todo espíritu, sino probad los espíritus si son de Dios" (1 Jn 4:1). Una habilidad clave para los cristianos es aprender a discernir *quién* está intentando influenciarlos. Específicamente, los cónyuges necesitan estar atentos a las fuerzas espirituales que intentan separarlos o debilitar la armonía espiritual.

San Ignacio de Loyola (un influyente líder de la iglesia del siglo dieciséis) creó una regla simple para probar los espíritus, la cual ha guiado a los creyentes a través de los siglos. ¿La influencia del espíritu conduce al creyente hacia el fruto del espíritu o hacia las obras de la carne? San Ignacio hace referencia a un listado descripto por el apóstol Pablo en su carta a los cristianos de Galacia. Estos dos listados actúan como una progresión que ayuda a una pareja a determinar si están siendo tentados para acercarse o para alejarse de Dios.

INVESTIGUEMOS CON MAYOR PROFUNDIDAD

En 1521, mientras se recuperaba de una herida de batalla ocasionada en la guerra de España contra Francia, Ignacio de Loyola tuvo una conversión radical al cristianismo. Con el transcurso del tiempo, desarrolló una profunda percepción sobre la manera de cultivar la intimidad con Dios y, todavía hoy día, su libro *Ejercicios espirituales* es considerado uno de los libros más influyentes que jamás se haya escrito acerca de la vida espiritual.* Su legado está vinculado a la fundación de la Compañía de Jesús o, como se lo conoce en la actualidad, los jesuitas.

AVANZAR HACIA LA CARNE

Pablo comienza con la descripción de obras específicas de la carne que atraen a cada creyente, tales como adulterio, fornicación, inmundicia, lascivia, idolatría, hechicerías, enemistades, pleitos, celos, iras, contiendas, disensiones, herejías, envidias, homicidios, borracheras, orgías y cosas semejantes (Gá 5:19-21). La lista de Pablo parece dividirse en cuatro amplias categorías que cubren los pecados de naturaleza sexual, la violación de mandamientos religiosos, las acciones entre las personas que arruinan las relaciones y concluye con los pecados comunes entre

* Para leer más acerca de estos ejercicios útiles, véase George E. Ganes, *The Espiritual Exercises of Saint Ignatius: A Translation and Commentary* [Los ejercicios espirituales de San Ignacio: traducción y comentario] (Chicago: Loyola Press, 1992). Para ver de qué forma estos ejercicios pueden ayudarlo a comprender el impacto del pecado y de la tentación, véase Larry Warner, *Journey with Jesus: Discovering the Spiritual Exercises of Saint Ignatius* [Un recorrido con Jesús: descubriendo los ejercicios espirituales de San Ignacio] (Downers Grove, IL: InterVarsity Press, 2010).

los no creyentes de su época. Cada categoría tiene profundas repercusiones para una pareja que intenta seguir a Dios.

INVESTIGUEMOS CON MAYOR PROFUNDIDAD

Generalmente, cuando los autores bíblicos utilizan la palabra carne, no solamente hacen referencia a nuestros cuerpos físicos. Más bien, están describiendo esa parte en nuestro interior que todavía se inclina hacia los viejos hábitos, actitudes o deseos que teníamos cuando no éramos creyentes. En resumen, es el conflicto interno que tenemos como creyentes a medida que buscamos ser más como Cristo. Incluso algunos de los seguidores de Cristo más admirados han sentido esta batalla interior. En un momento de sinceridad, el apóstol Pablo declara fervorosamente: "Porque lo que hago, no lo entiendo; pues no hago lo que quiero, sino lo que aborrezco, eso hago" (Ro 7:15).

Pecados sexuales. Pablo utiliza el término *inmoralidad sexual* para referirse al acto físico del coito fuera del matrimonio. ¿Qué podría conducir a una ruptura tan drástica de la fidelidad entre los cónyuges? La *impureza* connota un estado gradual de volverse impuro en un sentido moral o religioso. Durante los tiempos del Nuevo Testamento, los seguidores religiosos conocían bien las estrictas reglas que gobernaban la acción moral. Hacer a un lado esas reglas trajo como resultado crecientes niveles de impureza. Finalmente, Pablo utiliza el término *libertinaje* [en la versión en inglés] para describir a una persona que ya no se preocupa en seguir las reglas y que vive en una rebeldía abierta e imprudente. En una cultura donde reina el sexo casual, las películas y la televisión con mayor audiencia en las cuales celebran la idea de desviarse de las normas sexuales y la prevalencia generalizada de la pornografía, la lista de los pecados sexuales que escribió Pablo es tan relevante en la actualidad como lo era en ese tiempo. La inmoralidad sexual que describe Pablo se ha manifestado vívidamente con el surgimiento del movimiento #MeToo, que llama la atención a la agresión y a los acosos sexuales tan presentes en la sociedad de hoy.

Pecados religiosos. En un mundo antiguo de dioses y de diosas, Pablo define la *idolatría* como otorgarle supremacía a cualquier otra cosa por sobre la devoción hacia el Dios verdadero. Se trata de adorar las cosas de este mundo (el estatus social, el dinero, el amor, el sexo y las cosas materiales) en lugar de adorar al Creador. La *hechicería* es la tentación de utilizar poderes oscuros para alcanzar el estatus, el poder y las posesiones. ¿Cuánta de nuestra obsesión por alcanzar el sueño americano (con el constante deseo de subir en la escala social) se ha convertido en un ídolo para las parejas, que genera deuda, ansiedad y envidia?

Pecados en la manera de relacionarnos. Es sorprendente que, de los indicadores de la carne mencionados por Pablo, más de la mitad están relacionados con interacciones dañinas con los demás. Cuando Pablo comienza su descripción de la carne, afirma que "manifiestas son las obras de la carne" (Gá 5:19). No se necesita demasiada explicación para comprender que las *enemistades*, los *pleitos*, los *celos*, la *ira, y la envidia* pueden conducir a *contiendas*, *disensiones* y finalmente a *herejías*. Las parejas que se encuentran inmersas en un entorno social marcado por el individualismo radical (egoísmo), la comparación social fomentada por las campañas de marketing ingeniosas (celos, envidia) y los desacuerdos hostiles prevalentes en las redes sociales (enemistades, ira) están preparadas para traer discordia y disensión en sus relaciones.

Pecados públicos. Pablo concluye la lista con dos demostraciones de la carne que son comunes en la actualidad: *borracheras* y *orgías*.

En lugar de ocultar su impureza, muchos se complacen en mostrar públicamente su menosprecio por las normas sociales o por los mandamientos de Dios. Cuando consideramos la borrachera, no podemos evitar pensar en muchos campus universitarios donde beber en exceso no solamente es la norma, sino la expectativa. Trágicamente, en el caso del bien documentado rito de iniciación de una fraternidad en Penn State University en el año 2007, un joven de diecinueve años fue incitado a beber dieciocho bebidas alcohólicas en una hora, lo que provocó su muerte.[39] Con la explosión de la pornografía a través de las redes sociales, se muestran gráficamente y se descargan todo tipo de orgías. Tristemente, solemos pensar que el mundo que describe Pablo es primitivo y degradado. Sin embargo, los ejemplos modernos que hemos considerado nos muestran que la misma atracción hacia la carne sigue prevaleciendo hoy en día.

AVANZAR HACIA EL ESPÍRITU

En contraste con las obras de la carne, Pablo explora lo que comúnmente se conoce como el fruto del Espíritu (Gá 5:22-23). Debido a que "Dios es amor" (1 Jn 4:8), Pablo comienza esta lista con el atributo del *amor*. De la misma forma en que Dios nos ama profundamente y nos corona de favores y misericordias (Sal 103:4), así debemos tratar a los demás. En consecuencia, su listado descriptivo del fruto del espíritu (*amor*, *gozo*, *paz*, *paciencia*, *benignidad*, *bondad*, *fe*, *mansedumbre* y *templanza*) reemplaza las enemistades, los pleitos, los celos y la ira que se encuentran en el listado anterior. El resultado de seguir la guía del Espíritu es un profundo *gozo*. Este gozo no se basa en la cantidad de dinero que hay en nuestra cuenta bancaria, en el éxito de nuestra carrera o incluso en la salud de nuestros matrimonios. El gozo se basa en el amor y en la bondad inmutables de Dios. A partir de este amor, extendemos amor a los demás, especialmente a nuestros imperfectos cónyuges.

¿HACIA DÓNDE SE DIRIGE SU MATRIMONIO?

Cuando observa los dos listados de Pablo, ¿cuál es el que más caracteriza a su matrimonio? Si bien ninguna relación es perfecta, ¿lo que está relacionado con la carne supera a las cualidades del Espíritu? Más importante aún, ¿qué rol desempeñan las fuerzas espirituales al tratar de conducirlo hacia la carne? ¿Cómo debemos interpretar la idea de San Ignacio de que *cualquier* tentación de alejarnos del Espíritu de Dios debería considerarse como una lucha espiritual? ¿Eso significa que cada vez que estoy enojado con mi cónyuge, que actuó de forma egoísta o que siento la tentación de mirar imágenes inapropiadas en la computadora estoy atravesando una lucha espiritual? La clave para aplicar la regla de San Ignacio es comprender a qué se refieren las Escrituras con "no darle lugar al diablo."

El erudito en el Nuevo Testamento, Clint Arnold, afirma que en la advertencia de Pablo a los cristianos para que tengan cuidado y que no le den lugar al diablo (Ef 4:27), la palabra griega que significa darle lugar (*topos*) también puede traducirse como *oportunidad* o *chance*. Por lo tanto, la advertencia de Pablo podría traducirse como "no le den al diablo la oportunidad para ejercer su influencia."[40] ¿Cuál podría ser una oportunidad que el diablo pueda utilizar? Pablo contesta: "No se ponga el sol sobre vuestro enojo" (Ef 4:26). Nuestro enojo (una cualidad detallada como una obra de la carne) es una de las formas en que le otorgamos al diablo la oportunidad de ejercer su influencia. Arnold afirma: "Por este motivo, es extremadamente peligroso que los creyentes alberguen resentimiento, guarden rencor o roben en el lugar donde trabajan." Concluye: "Ceder a esas tentaciones no solamente confirma la debilidad de la carne, sino que deja expuestas las vidas de los creyentes al control del diablo y de sus poderes."[41]

Comprender lo que significa darle lugar al diablo, junto con la regla de San Ignacio nos ayuda a crear un principio general para evaluar si estamos atravesando una lucha espiritual. *Ceder a las obras de la carne (e.g., egoísmo, ira, impureza) no es en sí mismo una batalla espiritual. Pueden ser simplemente viejos hábitos que resurgen. Sin embargo, debe considerarse que el hecho de no contrarrestar las obras de la carne con el fruto del Espíritu (e.g., amor, paciencia, fidelidad) le brinda al diablo una oportunidad para ejercer una influencia cada vez mayor, una oportunidad que él buscará maximizar.*

Comprender la regla de San Ignacio y el concepto de no darle lugar al diablo nos proporciona entendimiento acerca de las primeras luchas matrimoniales de Ken y María, con quienes comenzamos el capítulo. Con el tiempo, Ken y María comenzaron a ver los rasgos que generaron atracción entre ellos en primer lugar como una molestia. Con frecuencia, se iban a dormir cada vez más molestos e incluso enojados entre sí. Con el transcurso del tiempo, el problema ya no se trata de las diferencias de personalidad, sino del carácter del cónyuge. "¡A él le interesan más las planillas de cálculo que yo!" "¡Ella no es nada disciplinada en lo que refiere a nuestras finanzas!" ¿Son las diferencias de personalidad y la irritabilidad un indicador de lucha espiritual? No necesariamente. Sin embargo, si aplicamos nuestro principio, albergar malos sentimientos y acumular enojo contra el otro *es* un indicador de que Satanás está buscando activamente establecer su lugar en su matrimonio. Continuar permitiendo que los malos sentimientos o la impaciencia que sentimos hacia el otro eche raíces es permitirle a Satanás que saque todo el provecho posible a la oportunidad que se le otorgó, de llevarnos en una progresión hacía la carne. En pocas palabras, puede ser que la irritabilidad que Ken y María sufren entre sí en el momento en que están atravesando la difícil transición hacia el matrimonio no constituya un ataque espiritual. Sin embargo, permitir que las obras de la carne se exacerben en medio de la transición, con toda *seguridad* le brinda al diablo la oportunidad de establecer su lugar y debería ser tratado como tal.

Además de nuestro principio general, ¿existen otros indicadores específicos de que estamos atravesando una lucha espiritual? Cuando investigué sobre este tema, leí montones de libros de autores, teólogos y filósofos cristianos (del pasado y del presente) que se enfocan en la guerra espiritual. Cada uno abordaba el tema de diagnosticar lo demoníaco. Si bien por momentos los autores no concuerdan, existen ciertas señales que son comunes a todos. Antes de presentar los cinco síntomas más comunes de la actividad demoníaca, sería prudente abordar una pregunta polémica: ¿Puede Satanás sembrar ideas en la mente de los creyentes? Este asunto es pertinente ya que la mayoría de los síntomas que investigaremos se enfocan en nuestros pensamientos.

¿PUEDE SATANÁS INFLUENCIAR NUESTROS PENSAMIENTOS?

El teólogo Keith Ferdinando, luego de estudiar la realidad de la guerra espiritual tanto en el Antiguo como en el Nuevo Testamento, concluye: "Un escenario crítico para la guerra espiritual del creyente es la batalla por la mente."[42] El autor cristiano Kenneth Boa coincide y afirma que los ataques espirituales "se caracterizan principalmente por pensamientos y conducta obsesivos."[43]

Las Escrituras nos brindan varios ejemplos de la habilidad que tiene Satanás para colocar pensamientos en nuestra mente. En el Antiguo Testamento podemos ver que "Satanás se levantó contra Israel, e incitó a David a que hiciese censo de Israel" (1 Cr 21:1). Si bien puede parecer sensato que un rey conozca el tamaño y la fuerza de sus tropas, más adelante aprendemos que David fue cambiando lentamente la confianza que tenía en el Señor por la fuerza militar. A pesar de que fue advertido por sus consejeros, David insistió en que se hiciera el censo, lo que trajo como consecuencia la sorprendente derrota de Israel. En el Nuevo Testamento vemos que Satanás es capaz de sembrar la idea de traición en el corazón de Judas (Jn 13:2) y la avaricia en la mente de Ananías para que mintiera acerca de la cantidad de una ofrenda para la iglesia (Hch 5:3). Incluso Jesús experimentó la habilidad de Satanás para sembrar pensamientos. Durante la tentación en el desierto, Satanás lleva a Jesús a la cima de un monte y le muestra el esplendor de todos los reinos terrenales. Los teólogos señalan que desde ese pequeño monte sería imposible que Jesús viera los reinos del mundo. Por lo tanto, Satanás debe haber tenido la habilidad de proyectar en la mente de Jesús una imagen panorámica de estos reinos.[44]

El teólogo alemán, Martín Lutero, nos ofrece uno de los relatos más vívidos de un cristiano que asume la batalla por su mente. Escribe: "El diablo coloca pensamientos horrendos en el alma: odio hacia Dios, blasfemia y desesperación... Disputa conmigo y hace que se produzcan toda clase de pensamientos extraños."[45] En la próxima sección consideraremos algunos de los "pensamientos extraños" que Satanás fomenta que los cónyuges adopten entre ellos, hacia ellos mismos e incluso hacia Dios.

LOS CINCO INDICADORES PRINCIPALES DE UNA GUERRA ESPIRITUAL

¿Cuáles son las señales o los síntomas de lo demoníaco que la mayoría de los teólogos y autores mencionan? Si bien la regla de San Ignacio puede darles a Ken y a María (y a nosotros también) una idea general de si se está produciendo una oposición espiritual, las siguientes señales pueden esclarecer aún más este asunto.

Enojo inapropiado. Cuando el apóstol Pablo nos instruye sobre el enojo, realiza una observación interesante. "Airaos, pero no pequéis" (Ef 4:26). Sabiamente señala que el enojo en sí mismo no es necesariamente un pecado. De hecho, existen momentos en que el enojo es la respuesta apropiada. Estas son buenas noticias para aquellos de nosotros que estamos casados. Al transitar la vida juntos, los desacuerdos (e incluso el enojo) son una parte integral del matrimonio. En las conferencias matrimoniales a las que asisto como orador, generalmente les pido a las parejas que se miren entre sí y repitan: "¡Nosotros también discutimos!" Sin embargo, Pablo nos advierte rápidamente que el enojo puede abrirle la puerta al pecado. Las Escrituras afirman que debemos ser cuidadosos en no dejar que nuestro enojo nos incite a hacer lo malo (Sal 37:8), por lo cual solo los necios dan "rienda suelta a toda su ira" (Pr 29:11). Kay, una amiga mía, encuentra útil considerar el enojo del mismo modo que lo haría con el diseño de una casa. Para ella, el enojo es como el vestíbulo de la casa. "El vestíbulo no es una habitación en la que se supone que debes quedarte, decorar o asentarte. Su función es conducirnos dentro de la casa." Si bien el enojo puede ser útil para motivarnos a abordar conflictos interpersonales, no deberíamos asentarnos ahí y dejarlo que se acumule.[46]

Uno de los problemas centrales con el enojo crónico es que cambia totalmente nuestra perspectiva con respecto a la otra persona. La mayoría de nosotros entendemos que ninguna persona es en su totalidad buena o mala. Sin embargo, una persona enojada puede perder de vista las cosas buenas que hace su cónyuge y enfocarse únicamente en las cosas malas. Salomón nos amonesta: "No te apresures en tu espíritu a enojarte" (Ec 7:9). Una persona que habitualmente está enojada, *siempre* es provocada por las acciones de su cónyuge. El enojo, si no se controla, puede conducir a la amargura, que los teóricos de la comunicación definen como *el enojo que se ha consolidado*. Si se encuentra atrapado en una rutina en la que todo lo que hace su cónyuge lo hace enojar, entonces sería sabio considerar, como lo hace Pablo, de qué forma su enojo le pudo haberle dado lugar al diablo (Ef 4:26).

En algunos casos, el enojo no controlado puede explotar en violencia. Trágicamente, las agresiones y los maltratos son la principal causa de lesiones de las mujeres; son más frecuentes que los accidentes automovilísticos, los asaltos y las violaciones en conjunto.[47] En caso de que haya violencia de cualquier tipo dentro del matrimonio o la relación, no solamente debería sospecharse de una oposición demoníaca, sino que el cónyuge agredido debería buscar seguridad, protección y ayuda profesional de forma inmediata.

INVESTIGUEMOS CON MAYOR PROFUNDIDAD

El *maltrato físico* (golpes, tirones de cabello, empujones) no es la única forma de maltrato. El *maltrato verbal* consiste en palabras que tienen la intención de avergonzar, degradar o amenazar a la otra persona. El libro de Proverbios afirma enérgicamente que la lengua "quebranta el espíritu" (Pr 15:4). El *maltrato emocional* es un comportamiento no físico diseñado para controlar, aislar, castigar o reprender a una persona. El maltrato emocional también puede implicar destruir o perder intencionalmente objetos que tienen valor personal para el abusado, como puede ser fotos familiares preciadas o regalos hechos por los hijos.

Sensación de un final inminente. Debido a las presiones financieras, los posibles problemas de crianza, los desacuerdos y los problemas de salud inesperados, todos los matrimonios atraviesan periodos que generan ansiedad. ¿Qué sucederá si uno de nosotros pierde el trabajo? ¿Estamos ahorrando lo suficiente? Nuestros hijos ¿están haciendo amistades con las personas correctas? ¿Podremos tener hijos alguna vez? ¿Qué sucederá si mi salud se deteriora aún *más*? Cuando afrontamos ansiedades, los seguidores de Cristo debemos responder con oración y acción de gracias, lo que producirá la paz que proviene de Dios que "sobrepasa todo entendimiento" y que guardará nuestros corazones y nuestros pensamientos (Fil 4:6-7).

Pero, ¿qué pasa si simplemente no puedes deshacerte de la sensación de temor que se encuentra profundamente arraigada? ¿Nuestra discusión más reciente romperá irrevocablemente nuestro matrimonio? Si damos este paso de fe en cuanto a las finanzas, ¿estaremos en la ruina? Si me pongo firme con mis hijos, ¿me odiarán? Nuestro sentido de desesperanza es reemplazado por una profunda resignación de que las personas o las situaciones solo van a empeorar.

Sueños violentos. ¡Se despierta con el corazón palpitando rápidamente! Las imágenes de la muerte de su cónyuge o de que sus hijos quedan separados de usted durante un violento accidente parecían muy *reales*. Es difícil deshacerse del *miedo* general que esto le provocó. Se recuesta con los ojos abiertos, mirando al techo. Uno de mis colegas fue profesor en una clase sobre la batalla espiritual durante años, y me comentó que más de un tercio de sus estudiantes comentaban constantemente haber tenido sueños perturbadores que sospechaban que tenían orígenes demoníacos. ¿Por qué? En su innovador estudio sobre la psiquis humana, el psicólogo Abraham Maslow sostuvo que nuestra necesidad principal como seres humanos es la seguridad. Sin embargo, cuando experimentamos sueños violentos nos sentimos totalmente inseguros. Ese miedo no solamente debilita nuestro sueño, sino que produce que vivamos ese día con temor: ¿y si el sueño se vuelve realidad? ¿Qué tan seguro estoy?

Dejar de creer lo mejor acerca de Dios. En su carta a los creyentes de Roma, Pablo les hace una pregunta conmovedora: "Si Dios es por nosotros, ¿quién contra nosotros?" (Ro 8:31). Su punto es que, basado en todo lo que había escrito previamente en su carta, los creyentes deberían estar completamente convencidos de que nada "nos podrá separar del amor de Dios, que es en Cristo Jesús Señor nuestro" (Ro 8:39). Sin embargo, muchos cristianos, e incluso escritores bíblicos, manifiestan haber sentido que Dios los ha abandonado. Un salmista acusa a Dios de estar dormido mientras que el ejército de Israel se encuentra completamente derrotado. Su conclusión: "Verdaderamente en vano he limpiado mi corazón" (Sal 73:13). Cuando un cónyuge que se encuentra luchando en su matrimonio ya no siente que Dios está de su lado o, lo que es peor, que está dormido al volante mientras que el matrimonio está batallando, es un poderoso indicador de que existe actividad demoníaca. Un giro interesante a este síntoma es que cuando un cónyuge está luchando por creer que Dios todavía está de su lado, Satanás siembra el pensamiento de que esa duda es tan impropia de un hijo de Dios que volver a Él ya no es una posibilidad. En esencia, se ha cruzado una línea espiritual y la persona ya no es recibida por Dios. Tales pensamientos son indicadores de que el diablo está tratando de avergonzar al creyente para que se separe permanentemente del Padre celestial.

Dejar de creer lo mejor acerca de usted mismo. Los psicólogos nos explican que la parte más importante que determina quiénes somos es nuestro diálogo interno: la conversación interna que tenemos constantemente con nosotros mismos. Nuestro diálogo interno se concentra alrededor de tres preguntas fundamentales: ¿Cómo me veo *en* comparación con los demás? ¿Cómo me va *en* comparación con los demás? ¿Cuán importante soy *en* comparación con los demás? En el mundo actual de personas con una imagen corporal delgada y frecuentemente quirúrgicamente alterada, ¿cómo me considero físicamente? En un mundo social donde generalmente somos juzgados por nuestra cuenta bancaria o por nuestra posición económica, ¿cómo encajo con mis compañeros de trabajo o amigos? ¿Le importo a alguien?

Como parejas cristianas, estamos llamados a poner constantemente las necesidades de nuestro cónyuge por sobre las nuestras. Sin embargo, cuando nos evaluamos a nosotros mismos a través del diálogo interno, ¿qué tan bien pensamos que lo estamos haciendo? En este punto es donde Satanás intenta influir en nuestra conversación interna. Cuando los escritores bíblicos estudiaron a Satanás, le asignaron ciertos nombres, tales como mentiroso (Jn 8:44) y acusador (Ap 12:10). Satanás busca influenciar nuestro diálogo interno cuando nos acusa de que estamos completamente alejados de poder cumplir con los estándares bíblicos. Por ejemplo, todas las parejas luchan para mantener un equilibrio entre las demandas laborales y las necesidades del cónyuge. A veces le damos prioridad al trabajo por sobre el cónyuge o la familia. ¿Cuál es la diferencia entre una evaluación sana de prioridades y un ataque espiritual?

En esta instancia, debemos hacer una distinción crucial entre la culpa (debería darle prioridad a mi cónyuge) y las tácticas de humillación de Satanás (soy una persona terrible). El autor y psicólogo cristiano, Curt Thompson, nos ayuda a distinguir entre las dos. "La culpa es algo que siento porque hice algo malo. La vergüenza es algo que siento porque *soy* malo."[48] Thompson sostiene que una de las consecuencias de estar avergonzado es que ese sentimiento nos aísla de aquellos a quienes amamos ya que "la vergüenza nos separa de los demás, debido a que mi consciencia de lo que siento es prácticamente consumida por mis propias sensaciones internas."[49] El teólogo alemán y activista político Dietrich Bonhoeffer expresó una idea similar y observó: "Cuanto más solo está el hombre, tanto más destructor es el poder que el pecado ejerce sobre él; tanto más asfixiantes sus redes, tanto más desesperada la soledad."[50]

Para resumir, si bien la culpa puede ser una respuesta adecuada al comportamiento e incluso puede ser provocada por la convicción que genera el Espíritu Santo (2 Co 7:9-10), la vergüenza nunca proviene de Dios. Si bien pueden existir momentos en que no cumplimos con los votos matrimoniales o con los mandamientos bíblicos, todavía somos profundamente amados y aceptados por Dios como sus hijos (1 Jn 3:1).

INVESTIGUEMOS CON MAYOR PROFUNDIDAD

Si bien no aparecen en todas las listas, ¿cuáles fueron las otras señales de la actividad demoníaca que observaron los eruditos? Un listado respetable incluiría lo siguiente: gran rechazo al nombre de Jesús, incapacidad para renunciar a un pecado dominante, incapacidad para orar, dificultad para relacionarse con otros cristianos, problemas personales o familiares que no responden al ser tratados mediante terapias, problemas físicos que no responden a los medicamentos y pecados que resisten a las disciplinas espirituales, tales como el ayuno o la oración.

UNA CONSIDERACIÓN ESPECIAL: LA INTIMIDAD SEXUAL

Si bien el listado previo resulta útil, mi experiencia en conferencias matrimoniales me impulsa a añadir otra señal de una posible actividad demoníaca: una visión distorsionada de la intimidad sexual. Ser tentado a ver el sexo de formas poco saludables es una clara evidencia de la influencia y la tentación demoníaca.

Primero, nuestra visión del sexo se distorsiona cuando lo elevamos por sobre cualquier otra forma equivalente del amor. Antes de casarnos, yo era un romántico empedernido que estaba profundamente impresionado con la idea del amor pasional. Como estudiante de arte dramático en la universidad, estaba constantemente expuesto a ideas exageradas ostentosas del amor representadas en un escenario magnífico. No estoy diciendo que el amor pasional no tenga lugar en el matrimonio, pero generalmente es dejado de lado por otras clases de amor. El amor erótico o pasional que caracteriza las primeras etapas de una relación sin duda fluctuará en su intensidad durante la vida del matrimonio. Satanás se deleita en tentar a las parejas casadas para que juzguen su intimidad exclusivamente según un solo tipo de amor.

Cuando los antiguos griegos querían describir las diferentes formas del amor, utilizaban una amplia variedad de términos, tales como *ludus* (amor lúdico), *pragma* (amor pragmático) y *agape* (amor divino). Sus dos términos favoritos eran *eros* y *storge*. Eros es un poderoso amor romántico que se enciende rápidamente y que se expresa de formas dramáticas. Storge, o el amor entre amigos, se desarrolla lentamente, pero es duradero.

Los amantes de lo erótico experimentan los picos altísimos y las dolorosas caídas de una montaña rusa emocional: euforia, felicidad, calma, pánico, desesperación. Son adictos a la adrenalina que buscan desesperadamente experimentar nuevas emociones. El problema, como cualquier pareja en matrimonio puede admitir fácilmente, es que el amor y el compromiso generalmente se expresan a través de responsabilidades y sacrificios comunes y cotidianos que están más asociados con amigos que con amantes. Las personas que conocí que han tenido un romance emocional o físico generalmente confiesan su deseo de volver a experimentar las emociones del amor erótico. Con el transcurso del tiempo, los compromisos del matrimonio sofocaron lentamente la pasión de la pareja. Satanás se deleita en alimentar el deseo de regresar a las primeras etapas del romance.

Las Escrituras parecen sugerir que la pasión, el romance y la amistan van de la mano. No es que la pasión debe disiparse a medida que el matrimonio madura, sino que la pasión es alimentada por otras formas de amor. La esposa de Salomón afirma que su amante es radiante y compara su cuerpo con el "claro marfil" (Cnt 5:14). No se avergüenza en admitir que cuando siente su toque, su corazón se conmueve (v.4). ¿Qué es lo que provoca tan poderosos sentimientos románticos? Luego de describir sensualmente el cuerpo de su esposo declara: "Tal es mi amado, tal es *mi amigo*, Oh doncellas de Jerusalén" (v.16, énfasis agregado). Su amistad con Salomón y sus sentimientos románticos por su esposo eran inseparables.[51]

Al igual que la esposa de Salomón, Noreen y yo hemos descubierto que nuestra pasión se aviva cuanto más trabajamos en nuestra amistad. A medida que crecen los compromisos laborales, de la iglesia y de la familia, necesitamos tomarnos un tiempo para realizar actividades que *ambos* disfrutemos. Sin importar cuán ocupada esté nuestra semana, nos reservamos los miércoles para asistir a una clase de yoga juntos. Generalmente, tenemos que reprimir nuestra risa cuando tratamos de realizar posturas o posiciones aparentemente imposibles. Después de la clase, nos detenemos a tomar un café y conversar. Nos damos cuenta de que estos tiempos de conexión no solo producen un amor de amistad lúdico (*ludus/storge*), sino también pasional (*eros*). Lo más importante, también construye nuestras defensas espirituales contra los intentos de Satanás de juzgar el matrimonio simplemente en una sola forma de amor.

En segundo lugar, nuestra visión del sexo se distorsiona cuando permitimos que las visiones pecaminosas influencien nuestra perspectiva. La observadora de la cultura, Naomi Wolf, sostiene que la afluencia de la pornografía a través de la tecnología de hoy en día está teniendo dos efectos devastadores en la forma en que consideramos el sexo y el amor romántico. Primero, señala que los hombres y las mujeres siguen el ejemplo de la pornografía y "así aprenden qué es el sexo, cómo se ve, cuál es su protocolo y sus expectativas, y son capacitados por la pornografía; esto tiene un gran efecto en la forma en que interactúan."[52] Mientras escribo esto, *Cincuenta sombras liberadas* (la tercera parte de la saga *Cincuenta sombras de Grey*) se estrenó el fin de semana previo a San Valentín y fue la película más taquillera de ese día. Su habilidad para idealizar el abuso físico no se limitó a las audiencias norteamericanas, ya que recaudó 97 millones de dólares en ventas mundiales.[53]

A medida que las mujeres consumen cada vez más pornografía se dan cuenta de que, con todas sus imperfecciones, simplemente no pueden competir con las fantasías vívidas internalizadas por sus novios y esposos. Se preocupan de que "como son simplemente de carne y hueso, escasamente puedan obtener, y mucho menos mantener, su atención." Wolf concluye con esta escalofriante evaluación: "En la actualidad, las mujeres reales desnudas son solamente mala pornografía."[54]

Mucho tiempo antes de la saturación pornográfica de hoy en día, el rey Salomón nos brinda una visión alternativa de la excitación sexual. Al contemplar a su joven esposa, comenta que sus piernas son "como joyas, obra de mano de excelente maestro" (Cnt 7:1) y sus pechos son "como gemelos de gacela" (v. 3). No solo es un rey "cautivado" por la belleza natural de su esposa, sino que también afirma "¡Qué hermosa eres, y cuán suave!" (v. 6). Al alterar el terreno cultural de hoy en día, Satanás se deleita en hacer que la belleza natural parezca aburrida e inválida en comparación con *eros*. El resultado es una vida sexual que parece insuficiente y aburrida. Para las parejas que intentan resistir la pornificación del deseo de hoy, nuestro nivel de intimidad y placer sexual no solamente puede ser un indicador de la salud integral del matrimonio, sino también de si existe una tentación demoníaca.

VOLVAMOS A KEN Y MARÍA

Con esta nueva información, ahora Ken y María se encuentran mejor equipados para diagnosticar la posible oposición espiritual. Si bien todas las parejas experimentan irritabilidad o enojo hacia el otro, ¿el enojo de Ken hacia María se está volviendo crónico y está cegándolo de *todas* las buenas cualidades que ella tiene? ¿Los pensamientos de María acerca de Ken están cayendo en una espiral, lo que le provoca mayores niveles de enojo? Como pareja, ¿comienzan a pensar cada vez más que es posible que el matrimonio no se salve si continúan irritándose entre sí? ¿Esta irritabilidad generó algún efecto en su visión de Dios? Después de todo, ¿no fue Dios quien los llevó a estar juntos en primer lugar? Mientras que luchan en la transición hacia el matrimonio, su antena espiritual debería alertarlos de que ya no esperar lo mejor del otro o de sí mismos puede ser una señal de que se encuentran en una batalla espiritual. Al igual que Ken y María, si sospechamos que sufrimos una oposición espiritual, nuestra respuesta debería ser integral. Las señales de una actividad demoníaca que hemos considerado no deberían considerarse sin tener en cuenta los problemas físicos, de relación o psicológicos. El seguidor de Cristo debería utilizar un enfoque amplio en cuanto a la ansiedad, el temor o las luchas matrimoniales que implican consultar a doctores, consejeros matrimoniales, psicólogos y consejeros espirituales.

LECTOR: Disculpe.

AUTOR: Regresó.

LECTOR: Le advertí que podría tener más preguntas.

AUTOR: Está bien, ¿qué piensa?

LECTOR: Entiendo que los demonios pueden influir en lo que pienso, o lo que hago, pero, ¿*cuánta* influencia pueden ejercer?

AUTOR: ¿Me está preguntando si, como hijo de Dios, puede ser poseído?

LECTOR: ¡Sí! Seré honesto, ¡la sola posibilidad es demasiado inquietante!

AUTOR: Cuando los teólogos hablan acerca de varios grados de actividad demoníaca, generalmente la dividen en influencia, opresión y demonización. La *influencia* incluye lo que hemos desarrollado en este capítulo: la habilidad para sembrar pensamientos en nuestra mente o manipular nuestro diálogo interno. La *opresión* es cuando evidentemente se le ha dado lugar en la vida de un creyente, por ejemplo, cuando uno se niega a perdonar a una persona o cuando permitimos que el enojo se desarrolle dentro nuestro sin control.

LECTOR: Entendido. ¿Qué ocurre con la demonización como la que vemos en las películas, donde los ojos de una persona se ponen en blanco y al mismo tiempo habla en latín con una voz gutural? Como cristiano, ¿soy susceptible a una posesión tan hostil?

AUTOR: Este es un tema muy debatido, pero la mayoría de los teólogos concuerdan en que, si bien los demonios pueden ejercer una influencia significativa, no pueden penetrar el corazón de un creyente y arrebatar lo que Dios le ha dado (como el perdón, la redención, la adopción en la familia de Dios y el Espíritu Santo). El hecho de que el Espíritu Santo mora en los creyentes (Jn 14:17; Ro 8:9; 1 Co 6:19-20) hace que sea imposible que una entidad demoníaca también more al mismo tiempo y asuma el control total de un creyente. En pocas palabras, los demonios no tienen la habilidad para expulsar o desalojar al Espíritu Santo de la vida de un creyente.[55] ¿Esto tranquiliza su ansiedad?

LECTOR: Un poco. Gracias.

Si bien estos principios para diagnosticar la oposición espiritual son útiles, ¿qué deberíamos hacer si todavía no sabemos si estamos sufriendo un ataque de las fuerzas malignas? La historia militar nos enseña que corremos un gran peligro cuando *subestimamos* al enemigo. Durante la Batalla de Inglaterra, tanto los alemanes como los ingleses cometieron errores de cálculo fundamentales acerca de las fuerzas de cada uno. El malentendido se centró en la manera de calcular un escuadrón de cazas. Para los alemanes, un escuadrón consistía en doce aviones, mientras que para los ingleses consistía en veinte. Cuando los alemanes se enteraron de la cantidad de escuadrones de caza que tenían los ingleses, la multiplicaron por doce aviones y se vieron alentados por la baja cifra. A la inversa, los ingleses sobreestimaron el poder de su enemigo cuando asumieron que cada escuadrón alemán contaba con ocho aviones más de los que realmente tenía.

Si bien ambos lados estaban equivocados, sus errores no fueron iguales. Los estrategas de guerra sostienen que, si uno se va a equivocar, es mejor *sobre*estimar la fuerza del enemigo. Como pensaron que la fuerza aérea alemana era más numerosa, los ingleses tomaron medidas para hacerle frente a la amenaza. Sin embargo, los alemanes bajaron la guardia y pensaron que la victoria la obtendrían fácilmente. "Denme cuatro días soleados y aplastaré a la *Royale Air Force* [Fuerza Aérea Real inglesa]," alardeó un comandante alemán clave. Al final, el error de cálculo de Hitler le costó mucho.

Cuando se trata de la batalla espiritual y nuestros matrimonios, ¿cómo deberíamos ver la fuerza y la actividad del maligno? ¿Es mejor equivocarse al sobreestimar la actividad demoníaca, en lugar de subestimarla? Como cristianos norteamericanos, ¿hemos subestimado constantemente la fuerza de Satanás, por temor a reaccionar de forma exagerada o quedar como tontos? En consecuencia, ¿hemos reducido nuestras defensas frente a la oposición espiritual?

En las Escrituras, los escritores no tienen reparos cuando evalúan la fuerza del maligno. Marcos describe a Satanás como un "hombre fuerte" debido a su extendida autoridad (Mc 3:27). Juan nos describe que esta autoridad e influencia se extiende por el mundo entero (1 Jn 5:19). Pedro nos recuerda de forma gráfica que el maligno está al acecho en busca de víctimas (1 P 5:8). Si seguimos el ejemplo de las Escrituras, si hay una sospecha de que existe oposición espiritual, una pareja debería tratar la amenaza como algo real y actuar de forma apropiada.

ENTREVISTA: SEÑALES DE LA INFLUENCIA ESPIRITUAL

Chris Grace ha sido profesor de psicología durante casi treinta años y se desempeña como director del Centro para Matrimonios y Relaciones de Biola. Durante toda su carrera profesional se ha dedicado a estudiar el comportamiento de los seres humanos. A través de los años, lo ha visto todo.

TIM: Cuando piensa en todo lo que ha vivido en su carrera, ¿cuáles son algunos de los desafíos más interesantes?

CHRIS: Realicé una pasantía con criminales dementes y luego trabajé como consejero en un hogar que albergaba hasta cincuenta niños adolescentes (desde los doce hasta los dieciocho años) que presentaban problemas de comportamiento. Más adelante, mi esposa y yo supervisamos un hogar para adolescentes que se habían escapado de sus casas en Orange County, California. En esos entornos generalmente trabajábamos con personas con muchos problemas y con sus familias.

TIM: ¿Cuáles eran los desafíos?

CHRIS: Muchos luchaban para regular sus emociones, tenían problemas en las relaciones, pensamientos confusos y problemas de ira que generalmente resultaban en daño hacia ellos mismos y hacia los demás. Como cristiano, veía las situaciones y nuestras interacciones a través de una lente científica y psicológica, así como espiritual. Con el transcurso del tiempo, comencé a notar indicadores de que quizás existía algún tipo de influencia maligna. Algunas señales captaron mi atención desde una perspectiva espiritual, especialmente con aquellos que estaban más perturbados.

TIM: ¿Podría describirlos brevemente?

CHRIS: Por supuesto. Con algunos había una fuerte reacción negativa hacia el nombre de Jesús. En la mayoría de los casos en los que preguntaba si podía orar por una persona, estaban abiertos o incluso lo apreciaban. Sin embargo, unos pocos se ponían nerviosos y aun enojados cuando comenzábamos a orar en el nombre de Jesús. Eso tiene sentido ya que las Escrituras afirman que los demonios no solo reconocen a Dios, sino que tiemblan al oír su nombre (Stg 2:19).

TIM: ¿Cuál otro?

CHRIS: Segundo, especialmente con aquellos que presentaban trastornos psicóticos, habría pensamientos o discursos confusos, llamados *galimatías*.

TIM: ¿Podría brindarnos un ejemplo?

CHRIS: Una persona que lucha con un trastorno mental puede creer que las personas están tratando de atraparla, o que la están observando y la persiguen, y puede hablar con una mezcla de palabras y frases que no tienen mucho sentido o que son evidentemente paranoicas. En contraste, una persona que se encuentra luchando contra posibles influencias demoníacas puede tener un razonamiento y pensamiento más lógico y claro. Lo que sigue es un poco perturbador.

TIM: Tiene toda mi atención.

CHRIS: En raras ocasiones, las personas pueden tener acceso a lo que yo llamaría información sobrenatural. Por ejemplo, un grupo pequeño de personas, de las cuales una era mi amigo, una vez confrontaron y comenzaron a orar con una persona que sospechaban que estaba influenciada por demonios. Cuando una persona del grupo mencionó el nombre de Jesús, la persona que estaba siendo confrontada inmediatamente respondió: "¿Quién eres tú para usar ese nombre [Jesús]? ¿Por qué no les cuentas a tus amigos lo que hay debajo de tu cama?" Resulta que el hombre que conducía la confrontación tenía una gran adicción a la pornografía, lo que lo llevaba a ocultar revistas y videos debajo de su cama. Él les había ocultado su adicción a todos. O eso creía él.

TIM: Entonces, ¿piensa que esta información llegó a este hombre a través de un demonio?

CHRIS: Es una posibilidad. Si los demonios nos observan, entonces pueden estar informados de ciertas acciones que pensamos que escondemos de los demás.

TIM: La idea me da escalofríos. Continuemos.

CHRIS: Por último, diría que para muchas personas que sufren de problemas psicológicos, las sustancias psicotrópicas como los anti depresivos generalmente hacen efecto con el tiempo en los síntomas, como los pensamientos confusos o paranoicos. Sin embargo, esas sustancias no tendrán demasiado impacto en el discurso o comportamiento de una persona que se encuentra influenciada por demonios.

TIM: Todo esto ha sido muy útil. Gracias.

CHRIS: Como psicólogo cristiano quiero asegurarme de que estoy abierto tanto a los indicadores psicológicos, como a los espirituales. Nunca deberíamos apresurarnos a diagnosticar en ninguna dirección o descartar prematuramente ciertas causas si percibimos que las señales persisten.

TIM: Además de ser un profesor de psicología, también se desempeña como director en un centro que se enfoca en el matrimonio y en las relaciones. ¿Cuáles son algunos indicadores (si bien no serán tan dramáticos como los que ha mencionado recién) de que una pareja puede estar frente a una oposición espiritual?

CHRIS: Por supuesto. Creo que la mayoría de los problemas matrimoniales (incluidos los míos) provienen de patrones de una comunicación deficiente o de formas poco saludables de lidiar con el conflicto. Sin embargo, mi antena espiritual está en alerta cuando las parejas pasan de luchar con algo a ser consumidas por ello. Por ejemplo, todos nosotros luchamos en ocasiones con perdonar a nuestro cónyuge. Sin embargo, existe una gran diferencia entre luchar por perdonar y permitir que la amargura o el endurecimiento del corazón echen raíces y dominen nuestros pensamientos. La amargura abre la puerta a la influencia espiritual maligna.

TIM: La amargura hace vulnerable a la pareja.

CHRIS: Sí. Y no solamente la amargura o la falta de perdón nos pueden hacer vulnerables. La codicia también nos hace susceptibles. Si comienzo a amar al dinero y mi posición más que a Dios, entonces se ha creado un vacío. Como es sabido, un espacio vacío puede llenarse fácilmente con otras cosas. A medida que mi amor por el dinero *aumenta*, mi amor por Dios *disminuye*. Mientras tanto, Satanás sigue susurrando a mi oído para que busque más: *más* estatus, *más* poder, *más* gustos, *más* dinero.

TIM: ¿Cómo puede una pareja responder a estos susurros?

CHRIS: Asegurándose de mantener un corazón abierto a Dios. Quizás no esté preparado para perdonar completamente a su cónyuge, pero mantenga su corazón abierto al mandamiento de Dios de perdonar y recuerde cuánto le ha perdonado a usted. Cuando estamos abiertos a Dios durante nuestras luchas matrimoniales, eso nos asegura que no exista lugar para que Satanás gane terreno.

TIM: Ahogar los susurros de Satanás con la voz de Dios, a través del Espíritu Santo o de las Escrituras.

CHRIS: Exactamente.

PARA CONTINUAR LA CONVERSACIÓN

1. Si bien no existe una relación perfecta, los descriptores de Pablo de las obras de la carne, ¿superan las cualidades del Espíritu en su matrimonio? ¿Qué obra de la carne es la que más lo atrae? Por otro lado, ¿cuál es el fruto del Espíritu que caracteriza su matrimonio?
2. ¿Cuál es su reacción ante la posibilidad de que haya fuerzas demoníacas que pueden estar influenciando sus pensamientos? De los principales indicadores de opresión espiritual (enojo inapropiado, sensación de un final inminente, sueños violentos, dejar de creer lo mejor acerca de Dios, dejar de creer lo mejor acerca de usted mismo), ¿cuál es el que mejor se aplica a usted? ¿Cuál sospecha que se aplica a su cónyuge? Si la intimidad sexual es un indicador general de la salud de su matrimonio, entonces, ¿cómo describiría su nivel actual de intimidad sexual? ¿Cuán libre se siente de discutir asuntos sexuales con su cónyuge?
3. En su matrimonio, ¿en qué medida aparece en su radar como pareja la posibilidad de atravezar una opresión o influencia espiritual? ¿Por qué o por qué no?

4

LA SERPIENTE FUE ASTUTA

COMPRENDIENDO LAS TÁCTICAS DE SATANÁS

¿Cuál es la única cosa que todos los generales exitosos tienen en común? El historiador militar y ex comandante de combate Bevin Alexander pasó toda su vida respondiendo esta pregunta. ¿Es la fuerza superior, el armamento de avanzada o un nuevo tipo de guerra psicológica? Alexander sugiere que los generales exitosos rara vez se desvían de una táctica fundamental: el ataque por la espalda. Escribe: "Los grandes generales se dan cuenta de que un ataque por la retaguardia distrae, descoloca y generalmente derrota al enemigo físicamente, cuando lo priva de abastecimientos y refuerzos."[56] ¿El resultado? El enemigo es debilitado mentalmente y su sentido de seguridad se ve frustrado.

¿Pueden las observaciones de Alexander en cuanto a los grandes generales aplicarse de igual manera a Satanás? Cuando tentó a Adán y a Eva, ¿realizó un ataque frontal o atacó de forma engañosa por la retaguardia? ¿Por qué su estrategia fue exitosa? ¿Qué fue lo que provocó que los primeros seres humanos sucumbieran ante sus maniobras?

En este capítulo daremos una mirada detrás de escena a la estrategia que utilizó Satanás para tentar a Adán y Eva en el entorno exclusivo del paraíso, y luego pasaremos a considerar las formas en que podemos perjudicar nuestro matrimonio en un entorno moderno.

LA PRIMERA TENTACIÓN

Imagine el mundo en el que habitaban Adán y Eva. Un ecosistema libre de contaminación y deterioro que Dios mismo considera "muy bueno" (Gn 1:31). El acto creativo cúlmine es crear a dos seres humanos que reflejan la imagen de Dios (v. 27). Adán y Eva experimentan un sentido de intimidad interpersonal (carente de vergüenza) que poéticamente es descripto como "una sola carne" (Gn 2:24). Dicha intimidad no se limita a ellos, sino que también se extiende a su Creador. En la tranquilidad del día, con frecuencia Dios se pasea por el paraíso para interactuar con todo lo que ha creado: especialmente con Adán y Eva. Los primeros dos capítulos de Génesis no hacen ninguna advertencia acerca de que está por ocurrir un encuentro que no solo romperá con la paz del paraíso, sino que también provocará terribles consecuencias para el mundo en el futuro y para nuestros matrimonios.

Un día, una serpiente se aproxima a Eva. A medida que leemos el relato de Génesis, se encienden nuestras alarmas. "Eva, ¡ten cuidado!" Sin embargo, es importante notar que, en un mundo previo a la caída, no existía razón para que Eva sospechara. Para los lectores modernos, una serpiente es vista como furtiva y repulsiva, pero para Eva era solamente una criatura más. "Satanás se cuidó mucho de no aparecer en una forma que pudiera aterrorizar a Eva o causarle repulsión," destaca J. Oswald Sanders. De haberlo hecho, sólo la "hubiese hecho volverse a los brazos de Dios. Por el contrario, Satanás escogió como instrumento un animal atractivo, aunque inferior."[57]

En el relato de Génesis, a la serpiente se la describe como el animal más "astuto" que todas las demás bestias.

La palabra hebrea para "astuto" también puede traducirse como "prudente," que en el libro de Proverbios tiene una connotación positiva (Pr 12:16; 14:8; 22:3; 27:12). Ser prudente es ser sabio, cauto y discreto. Sin embargo, la serpiente utiliza estas atentas observaciones acerca del paraíso, de los seres humanos y de Dios no solamente para comprender, sino para perjudicar a Eva. Si bien el texto de Génesis nunca identifica específicamente a la serpiente como Satanás, los escritores del Nuevo Testamento como Juan nos afirman que la "serpiente antigua" era en realidad Satanás (Ap 20:2).

INVESTIGUEMOS CON MAYOR PROFUNDIDAD

J. Oswald Sanders destaca que una de las palabras hebreas para serpiente puede significar "brillar." Sanders deduce a partir de esta definición y de la maldición impartida sobre la serpiente de que sería el animal *más inferior* y *más aborrecido* de la creación de Dios (Gn 3:14), que antes de esa maldición, estaba caracterizada por su esplendor y belleza. Por lo tanto, originalmente esta criatura brillante no debe haber despertado sospechas en Eva, sino curiosidad. Trágicamente, lo que Dios creó con esplendor fue retorcido por Satanás y convertido en una repulsión mundial.

A medida que leemos el relato de Génesis, vemos que no existe un sentido demasiado urgente por parte de Satanás en su conversación con Eva. No se lo describe como alguien que mira con nerviosismo a su alrededor o que es incisivo, sino que sostiene una prolongada y calculadora conversación con Eva. Si podemos asumir que a Adán le llevó una gran cantidad de tiempo estudiar y nombrar a todo el reino animal (aunque esto se describe en dos escasos versículos; Gn 2:19-20), ¿no podemos asumir de la misma manera que el éxito que tuvo la serpiente en tentar a Eva duró más de una descripción resumida en seis versículos brindada por el escritor bíblico (Gn 3:1-6)? Cuando leemos el relato de Génesis, es importante tener en cuenta que no estamos leyendo una transcripción de la conversación entre Eva y la serpiente, sino los puntos más importantes de lo ocurrido. Por lo tanto, podemos asumir que a Eva le llevó un largo período de tiempo (junto con la incitación de la serpiente) desarrollar una desconfianza sobre su Creador cada vez más grande, lo que la condujo a la rebelión.

El escritor cristiano D.G. Khel nos brinda una idea de la progresión lenta en la cual se desarrolla el pecado: "No pecamos de un momento para otro." En cambio, la "predisposición de ceder al pecado se ha estado formando, construyendo, germinando; y no ha sido necesariamente de forma consciente." Khel concluye de forma estremecedora que Satanás "siembra estímulos sutiles, generalmente subliminales; ejerce influencia sobre una actitud; obtiene una 'pequeña' victoria; siempre preparándose para la 'gran caída'."[58]

INVESTIGUEMOS CON MAYOR PROFUNDIDAD

¿Cuánto tiempo tardó Eva en ser tentada? En la segunda novela de la trilogía cósmica, *Perelandra*, C. S. Lewis describe un planeta parecido a la tierra, pero que no ha sido manchado por el pecado. En este mundo puro se nos presenta un personaje que se describe simplemente como la Dama Verde, que es la versión de Eva de este planeta. Su tentador no es una serpiente, sino un siniestro científico llamado Weston, que está determinado a causar la caída de la Dama Verde. Ella participa en profundas conversaciones con Weston que transcurren durante varios días, en las cuales es desafiada espiritual, emocional e intelectualmente. A través del narrador, Ransom, aprendemos que el tentador de la Dama Verde la presiona incansablemente con argumentos sofisticados que generan un "encantamiento" que parece hacerse "cada vez más profundo en la mente de ella." En una estremecedora observación, el narrador afirma que lo que Weston decía "era siempre casi verdadero."*

LAS TÁCTICAS DE LA SERPIENTE

Cuando leemos el texto bíblico, vemos cómo se desarrolla la observación de Khel, ya que la serpiente no solo genera en Eva una predisposición a pecar, sino que obtiene pequeñas victorias que finalmente la conducen a la trágica caída.

Táctica 1. Sugerir en lugar de argumentar. La serpiente comienza su conversación con Eva con una sugerencia, en vez de con un argumento. En otras palabras, la serpiente no comenzó con: "Eva, Dios simplemente está equivocado," sino con: "¿Conque Dios os ha dicho?" (Gn 3:1). Afirmar que Dios estaba equivocado significaría un ataque frontal, mientras que sugerir que su orden está abierta a interpretación es un ataque por la retaguardia. Cuando le hace una sugerencia, en lugar de establecer un argumento, no solo genera que Eva mantenga sus defensas bajas, sino que "introduce a escondidas el supuesto de que la palabra de Dios está sujeta a nuestro juicio."[59]

En esta primera táctica, la serpiente no se ocupa de lo que Dios realmente ordenó, sino que sutilmente cuestiona su autoridad para emitir esas órdenes. Después de todo, Dios le ha otorgado a Eva gran libertad para manejarse en el paraíso. ¿Quién dice que la autoridad de Dios *siempre* triunfará sobre su libre albedrío? De acuerdo a la situación, ¿es posible que el punto de vista de Eva se encuentre a la par de lo que Dios opina? Esa es la conclusión a la que han llegado muchos

* C. S. Lewis, *Perelandra: un viaje a Venus. Trilogía cósmica II*, trad. Elvio E. Gandolfo (epublibre), 128.

jóvenes norteamericanos en la actualidad con respecto a la autoridad moral de la Biblia. De acuerdo a una encuesta masiva llevada a cabo por Barna Research Group junto con InterVarsity Christian Fellowship y American Bible Society, casi la mitad (cuarenta y cinco por ciento) de los jóvenes adultos norteamericanos que no asisten a la iglesia consideran la Biblia como "un libro instructivo de historias y consejos compilados por hombres."[60] En otras palabras, las historias bíblicas son simplemente una perspectiva entre el sinfín de historias o consejos en la cultura. Esta primera táctica vino a Eva en la forma de dos preguntas: ¿Dios realmente lo dijo? Y si así fue, ¿qué importa?

Táctica 2. Presentar al Creador como restrictivo e inseguro. En el relato de Génesis observamos que la serpiente retuerce las palabras de Dios para presentarlo como demasiado restrictivo y mezquino.

La serpiente realiza una pregunta aparentemente simple: "¿Conque Dios os ha dicho: No comáis de todo árbol del huerto?" (Gn 3:1). Desde la perspectiva de la serpiente, era muy extraño que Dios colocara a Eva en el paraíso, pero luego le dijera que solo puede mirar, pero no tocar. En el poema de Wendell Berry, "The Peace of Wild Things" [La paz de lo descontrolado], las personas viven en una sociedad que produce desesperación y ansiedad.[61] El remedio de Berry es recostarse en los frondosos bosques de pino y admirar la belleza de la naturaleza, observar cuán pacíficamente el pato del bosque descansa sobre el agua y cómo los árboles y las estrellas brindan gracia y libertad. En el paraíso, Adán y Eva viven lo que describe Berry. La primera pareja era libre de ansiedad, habitaban en un ecosistema que no solo debían cuidar, sino también disfrutar. ¿Puede imaginarse que Dios les haya dicho que no podían participar plenamente del magnífico fruto que colgaba de los árboles ubicuos? No podemos imaginarlo porque Dios *jamás* les hizo tal restricción. Para corregir a la serpiente, Eva le responde apropiadamente que pueden comer de cualquier árbol o fruto, *excepto* de aquel que produce el árbol del conocimiento del bien y del mal, que se encuentra en el centro del jardín (Gn 3:3).

Sorprendida en su distorsión, la serpiente cambia su enfoque a las cualidades del árbol que se encuentra restringido. Leemos que el árbol era "bueno para comer," "agradable a los ojos," y lo más importante, "codiciable para alcanzar la sabiduría" (Gn 3:6). Si el árbol ofrecía tantas cosas, ¿por qué Dios no les permitiría acceder a él? La serpiente sugiere que, si come del fruto, los ojos de Eva serán abiertos y será como Dios en su entendimiento del bien y del mal (Gn 3:4-5). ¿Por qué Dios no querría que Eva tuviera una comprensión moral más profunda?

Existen dos conceptos erróneos acerca del árbol del conocimiento del bien y del mal. Primero, comer del árbol les otorgaría a Adán y a Eva un conocimiento divino sobre la vida y la muerte. Esto es un error. La frase conocimiento del bien y del mal es una herramienta literaria de Cercano Oriente que solo sugiere un nivel más profundo de razonamiento moral, y no un conocimiento exhaustivo. Segundo, asumimos erróneamente que el árbol estaba permanentemente restringido. Desde la perspectiva de Dios, el problema no se trataba de si Adán y Eva *deberían* obtener un razonamiento moral más profundo, sino *cuándo*. No hay nada de malo en querer cocinar directamente sobre el fuego; solamente que no es una tarea para niños. La cuestión central alrededor del árbol prohibido era: ¿Quién era el mejor para juzgar si Adán y Eva estaban preparados para manejar esta forma compleja de razonamiento moral? Los primeros seres humanos, ¿se someterían a los tiempos de Dios para obtener un conocimiento moral más profundo, o acelerarían el proceso?[62]

Lentamente, Eva comenzó a creer en la descripción que realizó la serpiente acerca del Creador como restrictivo (todos los frutos están prohibidos), inseguro (un ser humano no será como su Creador) e irrazonable (el fruto que es agradable a los ojos debería disfrutarse).

Táctica 3. Minimizar la consecuencia de la rebelión. A medida que el pensamiento de Eva se torna más confuso, vuelve a la realidad cuando recuerda lo que Dios le dijo que sería la consecuencia de desobedecer: "Morirán" (Gn 3:3). La serpiente la rebate con confianza: "No moriréis" (v. 4). Traducido al lenguaje de hoy: Dios es demasiado dramático. Las consecuencias de hacerlo a tu manera no serán tan malas como te advirtió. Minimizar los efectos de ignorar las órdenes de Dios es una táctica de larga tradición relevante en la actualidad.

- Sí, dejar a mi cónyuge por otra persona causará un dolor a corto plazo. Sin embargo, comenzar una nueva vida con esta persona lo vale, y finalmente los niños lo aceptarán cuando vean lo feliz que soy.
- Siempre que pueda controlarlo, mirar pornografía no está mal. No estoy engañando a mi cónyuge; son solo imágenes. Además, nadie necesita saberlo.
- Es cierto, Dios me manda a perdonar. Pero no a *esta* persona. No me pasarán por arriba en este matrimonio. Cuando mi cónyuge comience a comportarse como debe, entonces lo perdonaré.
- No hay nada de malo en coquetear un poco con un amigo por Facebook. Realmente, solo nos estamos reconectando y poniéndonos al día. Debo admitir, es agradable que alguien me aprecie. Estoy cansada de que mi cónyuge me ignore.

Para los oyentes modernos, Satanás sutilmente les sugiere: "Los romances fuera del matrimonio, la pornografía, albergar amargura y romper con los límites emocionales, ¿son realmente el fin del mundo?

Táctica 4. Divide y triunfarás. Quizás las cuatro palabras más desconcertantes en Génesis son "que estaba con ella" (Gn 3:6 LBLA). Cuando tratábamos la interacción de Eva con la serpiente, quizás se haya preguntado: *"¿Dónde estaba Adán?"* Sorprendentemente, el texto describe que cuando Eva finalmente sucumbe a la tentación, evidenciado cuando come del fruto prohibido, ella "tomó de su fruto y comió; y dio también a su marido que estaba con ella, y él comió" (Gn 3:6). El erudito en el Antiguo Testamento, John Walton, sostiene que todos los verbos de este relato se encuentran en plural. "Desde el versículo uno donde la serpiente se dirige a la mujer, pero utiliza el plural 'vosotros,' al uso por parte de la mujer del 'nosotros' inclusivo y la descripción de la serpiente de los resultados formulados a ambos, existe una indicación gramatical que ambos se encontraban allí."[63]

Si admitimos que Adán estuvo físicamente allí, surge una pregunta más importante: ¿Cómo fue capaz la serpiente de aislarlos psicológicamente entre sí? En este relato somos testigos del principio estratégico más efectivo de Satanás: las parejas no necesitan estar separadas físicamente para estar aisladas entre ellos.

En el trajín de la vida, todos hemos experimentado esta realidad. Como pareja, corremos para cumplir con nuestras responsabilidades cotidianas (organizar las actividades de los niños, cuidar de nuestros padres ancianos, trabajar horas extra para cubrir los gastos), que con el transcurso del tiempo afecta la intimidad de la relación. Con bajos niveles de intimidad, en el mejor de los casos nos convertimos en compañeros de cuarto, y en el peor, en extraños. La banda de indie rock Death Cab for Cutie describe el aislamiento que puede ocurrir incluso cuando se comparte una cama. En su inquietante canción "Brothers on a Hotel Bed," [Hermanos en un cuarto de hotel] conocemos a una pareja que inesperadamente se enamora y finalmente se casa. Al principio, viajan incontables veces en motocicleta. Ella es la pasajera, y estira sus brazos para hacer de cuenta que vuela. Sin embargo, con el tiempo se aíslan y se distancian. Luego de un rápido "Buenas noches," duermen separados, cada uno en un lado del colchón, como hermanos que son forzados a compartir una cama en un hotel; se aseguran de no tocarse. ¿Se siente identificado? Luego de haber sido orador en conferencias matrimoniales por más de veinte años, he escuchado a un sinfín de parejas cuya afección más común es la soledad.

Si bien es interesante observar la forma en que la serpiente interactúa con nuestros ancestros, ¿cuál es su relevancia para mi matrimonio? En vez de vivir en el paraíso, vivimos en una casa modesta y luchamos para pagar la hipoteca, ahorramos un poco de dinero cada mes para la jubilación e intentamos ser padres responsables. ¿De qué forma aplican las estrategias del diablo hoy en día?

DEL PARAÍSO A SU MATRIMONIO

En una carta a la joven y problemática iglesia de Corinto, el apóstol Pablo no solamente sostiene que "la serpiente con su astucia engañó a Eva," sino que las mentes de los corintios también pueden "extraviarse" (2 Co 11:3). En otras palabras, Satanás no se detuvo con Adán y Eva. Él ha estado perfeccionando su técnica al tentar a los cristianos en cada generación. ¿Cómo podría tomar las tácticas que aprendió en el jardín del Edén y perfeccionó a lo largo de los siglos para utilizarlas en su matrimonio?

James y Jen: Un caso de prueba. Casados con dos hijos, James y Jen mantienen una vida en general muy agitada. Como ambos son ex atletas de la escuela secundaria, están interesados en que sus hijas se involucren con el deporte. Su hija mayor, Kendra (13), ha sido seleccionada por un club juvenil de vóley que participa en giras. Si bien a ambos les resulta interesante esta invitación, Jen cada vez duda más cuando les explican que comprometerse con el equipo implica viajar la mayoría de los fines de semana y a la vez realizar una significativa inversión financiera. James considera que es una gran oportunidad y que deberían hacerlo, mientras que Jen se pregunta de qué manera afectará a su familia y a su presupuesto ya ajustado. Como ya hemos visto a la serpiente en acción en el jardín del Edén, ¿de qué forma sutil podría aproximarse a esta pareja?

Primeras etapas del conflicto. Mucho antes de este conflicto en particular, Satanás ya ha estado trabajando en James y en Jen individualmente. Como ya hemos señalado, Satanás desea "influir en una actitud" para obtener "pequeñas" victorias, con el fin de asegurarse una "gran caída."

A través de las luchas normales que ocurren en el matrimonio, James y Jen han se han esforzado periódicamente para creer lo mejor acerca del otro. Si bien James aprecia el deseo de Jen de ahorrar dinero para el futuro, le resulta fácil verla como tacaña. A la inversa, Jen admira el deseo de James de que sus hijas participen en los deportes, pero a veces se pregunta si no se trata más sobre él y sobre su deseo de ser un padre de atletas cotizadas. Con el transcurso del tiempo, se vuelve fácil ver al otro desde una perspectiva negativa. Jen ve a su esposo como una persona que envidia a los otros padres que están involucrados en el selecto equipo de vóley, mientras que James comienza a considerar a su esposa egoísta, quien aparentemente se interesa más por la cuenta bancaria que por desarrollar a una niña talentosa. El agravante del asunto es que, debido a sus horarios agitados, no han tenido tiempo para discutir completamente estas válidas preocupaciones. En cambio, lentamente comienzan a permitir que los malos sentimientos hacia el otro echen raíces.

Los sentimientos no expresados, tales como los que experimentan James y Jen, son identificados como *conflicto latente*, ya que el enojo y la decepción se acumulan *debajo* de la superficie. Para utilizar el lenguaje del apóstol Pablo, le han dado lugar al diablo, debido a que no trataron las preocupaciones con anticipación y en tiempo y forma. Al igual que Adán y Eva, James y Jen han permitido que el diablo los aísle lentamente el uno del otro. Este conflicto latente complicará la discusión de la posible participación de su hija en el equipo que sale de gira.

Etapas intermedias del conflicto. A medida que se acerca la fecha límite para inscribirse en el equipo, una sensación de urgencia envuelve a la pareja. Para hacer explotar las preocupaciones legítimas de Jen acerca del costo del equipo de vóley, Satanás busca promover un sentimiento de fatalidad inminente. Jen lucha con la ansiedad que va en aumento: ¿Y si Jenni [11] también quiere jugar en un equipo? ¡No hay manera de que podamos pagar dos cuotas deportivas! ¿Le permitimos a una que juegue y a la otra no? ¿Qué ocurrirá con la iglesia? *¿Asistiremos solamente cuando no haya un campeonato? ¿James no se preocupa por el bienestar espiritual de sus hijas?* De forma similar, James está cada vez más convencido de que su hija es lo suficientemente buena como para jugar a nivel profesional, y su esposa (en lugar de estar entusiasmada) decide ser un obstáculo. Su ansiedad es incitad por un poderoso pensamiento: ¡Puede ser que esta oportunidad nunca vuelva a aparecer! El conflicto interpersonal es alimentado cuando los participantes comienzan a percibir que sus objetivos son incompatibles (la seguridad financiera contra representar los dones atléticos) y que se encuentran luchando a causa de los recursos limitados (ingreso fijo y tiempo limitado).

Finalmente, James y Jen se sientan a debatir. La fecha límite para la inscripción es en una semana y tienen que tomar una decisión. El problema es que, debido a que albergan malos sentimientos entre ellos, es muy probable que la conversación tenga un comienzo difícil. Los primeros tres minutos de un desacuerdo son los más importantes, ya que establecen el nivel relacional de toda la conversación (cuánto amor, respeto y compasión existe entre las personas).

Cuando comienza la conversación, James y Jen muestran que escasamente escuchan al otro, ya que realizan *contrademandas*, que son las que ocurren cuando la demanda de una persona es respondida con otra demanda. "James, estás dejando que tu sueño de ver a nuestras hijas jugar en un equipo profesional te nuble la mirada acerca del costo significativo que implicará que se involucre en ese equipo," afirma Jen. "Bueno, todo lo que ves es el saldo final de nuestra cuenta bancaria," James contra ataca. A medida que la conversación se intensifica, cada uno adopta una visión del otro increíblemente negativa. Mientras crece la negatividad, las interrupciones se vuelven más comunes, alzan la voz cada vez más y hieren los sentimientos del otro. Si bien cada uno es consciente de la exhortación de Pablo sobre hablar la verdad en amor (Ef 4:15), los dos encuentran cada vez más difícil presentar sus puntos de vista de una forma amorosa.

Etapas finales del conflicto. Después de cada conversación improductiva, James y Jen comienzan a realizar una *lectura mental hostil*, en la cual cada uno le atribuye motivaciones negativas al otro.[64]

James piensa: *Teme que, si dejamos que nuestra hija juegue en el equipo, Kendra se volverá más apegada a mí que a ella. Su inseguridad está fuera de control.*

Jen concluye: *Siempre he tenido una gran preocupación en cuanto a su madurez espiritual. Está utilizando a nuestra hija como una excusa para no tener que ir a la iglesia.*

Si bien estas preocupaciones pueden ser en parte legítimas, Satanás intenta proyectarlas de la forma más negativa posible, ya que adoptan una interpretación general de cada uno. Ahora Jen considera a James como una persona no espiritual, mientras que James considera a Jen como una persona insegura y avara.

Luego de haber adoptado puntos de vista negativos acerca del otro que nublan las cualidades positivas, ahora se dedican al *hundimiento*, donde además del problema original (la participación de su hija en el equipo), surge una larga lista de reclamos que se han acumulado durante el transcurso del matrimonio. Las conversaciones subsiguientes se desvían fácilmente cuando añaden heridas y decepciones del pasado. Una pérdida que ocurre en esta etapa de la conversación es la ausencia de la comunicación fática. La comunicación *enfática* se enfoca en los eventos dramáticos (discutir las finanzas, los horarios de los hijos, los compromisos familiares), mientras que la comunicación *fática* se centra en las interacciones cotidianas, que parecen triviales (bromas traviesas, chistes internos, abrazos) que promueven la conexión. Lo que generalmente se pasa por alto es que las parejas que mantienen conversaciones superficiales establecen un tono positivo para las conversaciones dramáticas. Desde que comenzó el desacuerdo sobre el equipo de vóley, desaparecieron gradualmente los momentos lúdicos entre James y Jen. Ahora, todo lo que hacen es conversar una y otra vez acerca de los problemas que aparentemente nunca logran resolver.

CONSECUENCIAS ESPIRITUALES DEL CONFLICTO MATRIMONIAL

El desacuerdo con respecto al equipo de vóley también le ha dado lugar a las fuerzas espirituales para que ataquen la visión que James y Jen tienen de Dios. A Jen la exaspera la decepción de que su esposo estime los deportes por sobre el compromiso con la iglesia. A través de su matrimonio, ha luchado con los cambios de interés de su esposo en los temas espirituales. Lentamente, esa decepción fue dirigida a Dios. ¿Por qué Dios no hace algo? Es obvio que la iglesia debería ser más importante que los deportes; ¿por qué no lo haces obvio para James? Dios, ¿estás prestando atención siquiera? Por otro lado, James siempre ha soñado con que sus hijas hicieran deporte a un nivel que él nunca alcanzó. Siempre le habían atraído las historias donde los padres realizaban grandes sacrificios para que sus hijos pudieran triunfar. Pero las finanzas y una esposa reticente estaban amenazando con cerrar esa puerta. *Dios sabe cuánto dinero necesitamos para hacerlo realidad. ¿Por qué no provee? Verdaderamente no puede negarle esta oportunidad a mi hija.* Lentamente, Dios es visto como indiferente e inactivo: un Padre divino ausente. Este cambio de perspectiva se encuentra dentro de la estrategia del diablo para no solamente aislarlos el uno del otro, sino también para alejarlos de Dios. Cuando cada uno se da cuenta del diálogo interno negativo dirigido a Dios, el maligno intenta promover punzadas de vergüenza.

Cuando llega la fecha límite, James anuncia que su hija *jugará*, y que trabajará horas extra para pagar la inscripción. Fin de la discusión. Por la noche, se saludan con un frío 'buenas noches,' pero están tan distantes como dos hermanos en la cama de un hotel. Satanás ha establecido un lugar espiritual en las vidas y sistemáticamente lo ha fortificado sistemáticamente.

LECTOR: ¡Eso es muy deprimente!

AUTOR: Así es. Las batallas espirituales deberían ser aleccionadoras.

LECTOR: No. No es la batalla espiritual en sí misma lo que es deprimente, sino lo sigiloso y exitoso que puede ser Satanás. James y Jen nunca supieron qué fue lo que ocurrió. No es la forma en la que imaginaba la batalla espiritual.

AUTOR: ¿Cómo la imaginaba?

LECTOR: Bueno, algo un poco más dramático. Después de todo, ¿no nos dice la Biblia que Satanás es un león rugiente? El Satanás que usted describe en los casos de Adán y Eva y de esta pareja es como un ninja oculto que opera desde las sombras. ¿Quién está en lo cierto? ¿Usted o la Biblia?

AUTOR: Ambos lo estamos.

LECTOR: Continúe, por favor.

AUTOR: El relato de Génesis describe a la serpiente como sutil (astuta), mientras que Pedro sugiere que Satanás se parece a un león rugiente (1 P 5:8). Debemos tener cuidado de no inferir demasiado de la declaración de Pedro. Su objetivo es provocar que estemos alerta en cuanto a la realidad de la batalla espiritual. Para hacerlo, evoca la imagen más amenazadora que viene a su mente.

LECTOR: Un león rugiente.

AUTOR: Correcto. La reacción que usted tendría si supiera que hay un león suelto en su vecindario, es la misma respuesta emocional que debería tener cuando el diablo está acechando su matrimonio. Pedro no está diciendo que Satanás atacará como un león feroz, sino que es un enemigo que debe ser tomado en serio. No podemos esperar que cada ataque sea precedido por un rugido.

LECTOR: ¿Quiere decir que nunca atacará de manera frontal o que se expondrá?

AUTOR: No. Es muy posible que lo haga. Sin embargo, los estrategas militares comprenden que un ataque frontal tiene el potencial de despertar a su enemigo y, sin intención, provocar que redoble su defensa.

LECTOR: Pedro está intentando captar nuestra atención.

AUTOR: Sí. Pero, ¿lo ha logrado? ¿Estamos alerta?

LECTOR: Bueno, ¿cómo luchamos contra un ninja demoníaco?

AUTOR: Ese será el tema del capítulo cinco. Si me permite continuar.

LECTOR: Proceda.

Estamos fascinados con los ninjas. Más de veintidós mil personas se califican a sí mismas como *ninja de las redes sociales* en Twitter. El término es adoptado por una gran mayoría, desde los comerciantes (ninjas de ventas) hasta las madres (mami ninja).[65] El término ninja es una combinación de símbolos chinos complejos que pueden traducirse como "uno entrenado en lo oculto" o "guerrero de las sombras." En Japón feudal, solamente los adinerados podían adquirir las costosas armaduras y armas samurái. Estos guerreros se reconfortaban en la fina artesanía de su protección armada. No ocurría lo mismo con los ninjas, quienes generalmente eran reclutados de las pequeñas aldeas donde el precio de la armadura era extremadamente inalcanzable. Los ninjas no querían ponerse la armadura y utilizaban prendas holgadas que combinaban con el momento del día. Por lo tanto, el negro solo se utilizaba durante la noche, mientras que el azul oscuro o los colores rojizos se utilizaban al atardecer. La confianza de un ninja no se encontraba en su armadura, sino en su entrenamiento. Para estos guerreros de las sombras era más importante su conocimiento, entrenamiento y carácter, en vez de un yelmo, una coraza o una espada. En definitiva, los soldados samurái no eran rivales para los ninjas.

Cuando el apóstol Pablo nos ordena "vestíos con toda la armadura de Dios" (Ef 6:11), ¿nos está exhortando a ser como un samurái vestido con una armadura, o como un ninja lleno de conocimiento y buen entrenamiento? La armadura que describe Pablo es un reflejo del ninja, en el sentido de que la protección proviene del conocimiento y del entrenamiento, en lugar de un equipamiento físico que haya que vestir. Si bien Satanás puede parecerse a un ninja con sus tácticas sigilosas, los cristianos adoptamos la actitud de que nuestra mayor fuerza proviene de vestirnos con las verdades espirituales que nos protegen del enemigo. Pero, ¿cómo nos ponemos la armadura espiritual cuando nos encontramos frente a fuerzas demoníacas? En el capítulo cinco, descubriremos las verdades espirituales que, si las adoptamos, nos protegerán de los ataques sigilosos de nuestro adversario.

PARA CONTINUAR LA CONVERSACIÓN

1. En su intento de atacar por la retaguardia, D.G. Khel asegura que Satanás busca obtener 'pequeñas' batallas, en preparación

para la 'gran caída.' ¿Cuáles son las pequeñas victorias (albergar malas actitudes, horarios incontrolables, falta de tiempo en pareja, gastar de más, enfocarse demasiado en los hijos) que Satanás está obteniendo en un intento por asegurar la gran caída de su matrimonio?

2. Cuando piensa en el historial de su matrimonio, ¿ve a Dios como restrictivo o como generoso? ¿Existen cosas que cree que Dios debería haberle provisto pero que no lo hizo? ¿Qué criterios utiliza para juzgar la bondad de Dios? ¿Sus criterios se basan en bienes materiales (e.g., una cuenta bancaria sólida, poder tener hijos, el bienestar de los hijos, salud integral) o en bendiciones espirituales (e.g., el perdón, la seguridad de ir al cielo, el sacrificio final de Cristo)?
3. Si una de las tácticas preferidas de Satanás es dividir y reinar, ¿en qué áreas de su matrimonio se encuentran divididos? ¿Qué diferencias de opinión existen en su matrimonio que puedan llevarlo a divisiones si no les prestan atención? ¿Cuáles son las diferencias de opinión que existe en su matrimonio en la actualidad?
4. Si Jen y James se acercaran a usted para que les brinde un consejo con respecto a inscribir a su hija en el equipo deportivo, ¿qué consejo les ofrecería como pareja? ¿Sobre qué prioridades o valores basaría su consejo? Si conversara con cada uno por separado, ¿cómo abordaría los miedos individuales de Jen y de James?

5

EL CONTRATAQUE EN PAREJA

HAGAMOS USO DE NUESTRA PROTECCIÓN ESPIRITUAL

"¡Listo para luchar!"

Un momento decisivo en el entrenamiento de las artes marciales es cuando el instructor nos informa que es tiempo de luchar con el cinturón negro. Luego de haber visto entrenar a estos atletas de elite día tras día, sabía exactamente de lo que eran capaces (y del dolor que podían causar).

"Hoy, van a enfrentarse con los cinturones negro de primer Dan," ordenó mi instructor.

Aunque intentaba poner mi mejor cara de póker, pudo notar que me encontraba nervioso. Después de todo, yo era uno de los estudiantes más grandes. Y seamos sinceros, asistía a la clase en una minivan. Si sobrevivía a este entrenamiento, ¿podría al menos ir a trabajar al día siguiente? No era precisamente un protegido de Bruce Lee.

"No te preocupes, te proveeremos protección," dijo con una sonrisa irónica.

Me ayudó a vestirme para el encuentro de full contact, me ayudó a colocarme espinilleras, el protector pectoral, la coquilla, los guantes, el protector bucal y el casco.

"¿Lo ves? Estás cubierto de pies a cabeza. ¡Ve por ellos!"

Cuando estaba saliendo para enfrentar al primer cinturón negro (un hombre alto con una confiada mueca burlona), me sentí un poco mejor al saber que al menos mis órganos vitales estaban protegidos. Nunca olvidaré las últimas palabras que pronunció el instructor cuando me incliné para saludar a mi oponente: "Recuerda, no es el equipamiento el que te protegerá, sino tu entrenamiento. ¡Comiencen!"

El apóstol Pablo toma la misma actitud hacia los cristianos ansiosos que se preparan para combatir con oponentes demoníacos. Si bien no intenta minimizar la seriedad del encuentro, describe la protección que todos los creyentes deberíamos utilizar cuando nos encontramos en una guerra espiritual: (el cinturón de la verdad, la coraza de la justicia, el calzado de la paz, el escudo de la fe, el yelmo de la salvación, la espada del Espíritu). Cuanto mejor comprendamos cada nivel de protección, podremos estar más seguros para confrontar las fuerzas espirituales que amenazan nuestro matrimonio.

BIENVENIDO A LA GUERRA

Antes de describir nuestra protección espiritual, Pablo nos recuerda una verdad fundamental: el mayor obstáculo para cultivar un matrimonio que honre a Cristo no son las diferencias que existen entre usted y su cónyuge. Más bien, la mayor "lucha" es contra las "fuerzas espirituales de maldad" (Ef 6:12) que buscan sacarles provecho a esas diferencias. Pablo sostiene que es un grave error enfocarse únicamente en la persona de "carne y sangre" que se encuentra frente a nosotros cuando atravesamos dificultades matrimoniales. Como discutimos anteriormente en el capítulo tres, no todo conflicto es necesariamente un indicador de opresión espiritual. Sin embargo, Pablo nos exhorta que, si detectamos oposición espiritual, entonces debemos responder espiritualmente. Ignorar la influencia demoníaca es "como tratar los síntomas de una enfermedad e ignorar las causas que la originaron," afirma el teólogo Keith Ferdinando. "Aún peor, nos conduce a suponer que nuestro combate espiritual es una empresa humanamente manejable."[66]

Para convencernos de la seriedad de la guerra que se encuentra frente a nosotros, Pablo utiliza un término atlético: *lucha*. Este término describe a dos personas que se encuentran en una intensa pelea, que se caracteriza por un combate cuerpo a cuerpo, donde el objetivo es derribar forzosamente a una persona (generalmente rodeando el cuello del oponente con los brazos) y así declarar la victoria. El erudito en el Nuevo Testamento Kenneth Wuest sugiere que la ilustración de Pablo adquiere un serio significado cuando consideramos que, en algunas formas extremas de lucha griega, al perdedor "le arrancaban los ojos, lo que lo dejaba ciego por el resto de su vida."[67] Si Pablo tenía en mente este tipo de lucha, sin duda obtuvo la atención de sus lectores. Wuest sostiene que también debería captar nuestra atención: "La lucha de los cristianos contra los poderes de la oscuridad no es menos desesperante y catastrófica."[68]

Luego de habernos concientizado acerca de nuestra desesperada lucha contra las fuerzas espirituales, Pablo nos instruye que nos vistamos para la batalla, para cuando llegue "el día malo" (Ef 6:13). Sin embargo, los cristianos deberíamos asumir que "el día malo" ya ha llegado y que nuestra batalla contra las fuerzas espirituales es constante. Ferdinando afirma: "Acontece durante esta era, cada día, cada minuto del día. No existen vacaciones, ni fines de semana, ni día sabático, ni licencias, ni descansos para el té."[69] Pablo es claro, nuestra preparación para la batalla no es una novedad y los cristianos no pueden contentarse con ser guerreros espirituales los fines de semana. Resistir a las fuerzas de la oscuridad no es "un pasatiempo, un juego o un hobby, sino una guerra total, y Satanás no respeta nuestros tiempos de relajación, sino que les saca provecho."[70]

UN ASUNTO DEL CORAZÓN

Antes de que examinemos la descripción de Pablo sobre nuestra armadura espiritual, es importante destacar dos diferencias clave entre lo que utilicé para luchar contra los cinturones negro y nuestra protección espiritual. Primero, las espinilleras, la protección bucal y el protector pectoral que utilicé eran objetos reales que podía ver y tocar. Los llevo conmigo en mi bolso deportivo y los saco cuando los necesito. Si no tengo el bolso, no tengo mi protección. No sucede lo mismo con nuestra protección espiritual.

Si bien Pablo utiliza como modelo a un soldado romano vestido para la batalla, los elementos específicos (el cinturón de la verdad, la coraza de la justicia, el yelmo de la salvación) no son objetos reales, sino un conjunto de creencias a ser adoptadas y, lo más importante, por las cuales vivir. Si bien me lleva algunos minutos colocarme mi equipo de entrenamiento, puede que me tome años adornar completamente mi armadura espiritual. Nuestra armadura espiritual no es como los flotadores que una madre le coloca a su hijo que apenas sabe nadar. En cambio, nuestra protección espiritual es proporcional a cuán bien nos sumerjamos en la verdad bíblica.

En segundo lugar, usar un protector pectoral y un equipamiento para la cabeza durante el entrenamiento significa que puedo ser un poco descuidado cuando bloqueo una patada; si me equivoco en la manera de bloquear, mi protección me salva. La protección espiritual a la que se refiere Pablo no provee una protección parcial. Como veremos más adelante, solo servirá si aceptamos de forma completa convertirnos en discípulos de Cristo.[71]

Antes de que Pablo aborde el tema de la armadura espiritual, ora por los creyentes de Éfeso para que "los ojos de [su] corazón sean iluminados" (Ef 1:18, LBLA). La palabra *corazón* en el Nuevo Testamento no solamente incluye las emociones, sino también el intelecto y la voluntad. Pablo ora para que la *totalidad* de la persona sea transformada radicalmente por la verdad de Dios. El conocimiento de la verdad de Dios (las doctrinas principales o las creencias religiosas) implican vivir lo que profesamos creer. Honestamente, muchos de nosotros no vivimos lo que ya sabemos. David Whitney, quien escribe acerca del crecimiento espiritual, observa que muchos de los cristianos que conoce tienen "mucho conocimiento superficial. No existen los canales profundos y desgastados por el tiempo de la disciplina de estar en contacto con Dios. Han incursionado en todo, pero no se han disciplinado en nada."[72] No podemos incursionar en los elementos de la armadura espiritual. Más bien, nos llevará tiempo, disciplina y una profunda introspección antes de que nos brinde una protección completa.

VESTIRSE CON LA ARMADURA DE DIOS

Advertencia: utilizar la armadura de Dios requiere que nos realicemos preguntas de exploración. Clint Arnold resume el desafío que conlleva vestirnos con la armadura cuando afirma que "conocer la verdad de quiénes somos en unión con Cristo, cultivando las virtudes de esta nueva identidad, y utilizando los recursos disponibles mediante esta nueva relación es la clave de lo que significa ponerse la armadura de Dios."[73] El primer elemento de nuestra protección nos desafía a pensar en nuestra relación con la verdad. ¿Cuán sincero es con respecto a usted mismo, a los demás y a Dios?

El cinturón de la verdad. Para un soldado romano, el cinturón no era solamente un accesorio. Mantenía todas las partes de la armadura en su lugar. Sin él, la coraza se desplomaría y su espada estaría inaccesible. Los soldados romanos comprendían perfectamente lo esencial que era el cinturón para protegerlos en la batalla. Pablo concuerda en este asunto. Su primera instrucción al vestirnos para la batalla espiritual es: "Estad, pues, firmes, ceñidos vuestros lomos con la verdad" (Ef 6:14). Pablo no solamente está indicando que nuestro conocimiento de la verdad de Dios (las doctrinas principales y las creencias teológicas) deberían ser nuestro cinturón. Así como es importante la verdad bíblica, está igualmente interesado en la relación que usted tiene con la verdad. ¿Con cuánta frecuencia manipula la verdad para protegerse? Cuando lo necesita, ¿miente descaradamente para librarse de una situación mala?

En una época donde las declaraciones de noticias falsas se encuentran fuera de control, ¿cuánto hemos adquirido del hábito de torcer la verdad? De acuerdo con investigadores de la universidad de Massachusetts, muchos de nosotros frecuentemente mentimos cuando intentamos parecer competentes. En su estudio, cuando se corroboraron los hechos que relataron los participantes, el sesenta por ciento mintió al menos una vez en una conversación de diez minutos.[74] Hoy en día, muchos de nosotros nos sentimos con la libertad de menospreciar o manipular los hechos para sostener nuestra postura, que el diccionario de inglés Oxford nombró en el 2016 el término *posverdad* como palabra del año.[75] En otras palabras, la verdad está sujeta a mis sentimientos o a mis creencias personales. Los antiguos escritores del libro de Proverbios criticarían nuestra adopción de la cultura de la posverdad. En un lenguaje contundente, afirman que "los labios mentirosos son abominación a Jehová" (Pr 12:22). "El justo aborrece la palabra de mentira; mas el impío se hace odioso e infame" (Pr 13:5). Una vez que se comienza a mentir, luego las mentiras comienzan a desbordarse cada vez más (Pr 14:5). Pablo hace eco de estos escritores antiguos y nos ordena:

"desechando la mentira" debemos esforzarnos por "hablar verdad" entre nosotros (Ef 4:25).

¿Por qué Pablo comenzaría a prepararnos para la batalla con el enfoque en la integridad y en decir la verdad? J. Oswald Sanders especula que "la verdad es el factor unificador y fortalecedor de la vida y las experiencias del soldado cristiano. ¿Acaso no lanzó Satanás su primer ataque contra la humanidad en el terreno de la verdad? ¿No puso en duda la veracidad de Dios?" Sanders anima a los lectores modernos a estar preparados para los ataques del padre de mentira. "Nos tentará para hacernos caer en la hipocresía y la falta de sinceridad, incitándonos a que permitamos las mentiras o las medias verdades"[76] Para resumir, cuando mentimos hablamos el lenguaje del maligno (Jn 8:44). Al igual que cuando intentamos abotonar una camisa luego de haberle errado al primer ojal, si fallamos a la hora de ceñir nuestra cintura con la verdad, esto afectará la forma en que encajan las demás piezas de la armadura.

INVESTIGUEMOS CON MAYOR PROFUNDIDAD

¿En qué se inspiró Pablo para realizar esta descripción de la armadura espiritual? ¿Fue exclusivamente en un soldado romano? Si así lo fue, ¿por qué dejó afuera piezas centrales del equipamiento, tales como las jabalinas o la armadura que protege las piernas? ¿Es posible que la fuente principal de inspiración de Pablo no haya sido un soldado romano, sino la descripción de Dios que retrata el profeta Isaías en el Antiguo Testamento como un guerrero divino? Isaías detalla que "será la justicia cinto de sus lomos, y la fidelidad ceñidor de su cintura" (Is 11:5). Continúa: "Pues de justicia se vistió como de una coraza, con yelmo de salvación en su cabeza" (Is 59:17).* Lo más probable es que Pablo esté utilizando tanto sus observaciones de los soldados

* Para más información sobre esta perspectiva, véase Clinton E. Arnold, *Efesios: comentario exegético-práctico del Nuevo Testamento* (España, Andamio, 2016), 908-909.

romanos (tan presentes en su tiempo), como la impresionante imagen del guerrero divino de Isaías.

La coraza de justicia. Luego de asegurar su cinturón, un soldado romano se colocaba una coraza de metal, que lo protegería contra las heridas fatales. Los soldados apreciaban tanto esta pieza del equipamiento que la llamaban "el protector del corazón." Pablo considera que los cristianos necesitamos una protección similar y nos ordena a colocarnos una coraza de justicia. El tipo de justicia al que hace referencia Pablo se refiere a nuestra rectitud personal o a nuestro carácter moral. Wuest sostiene que la justicia que describe Pablo es una "justicia santificada, el producto del Espíritu Santo en la vida de un santo rendido. Puede definirse como una rectitud moral."[77]

Todos deseamos que los demás nos vean como personas de carácter moral. Pero, ¿lo somos? El filósofo griego Platón utilizaba una prueba única para medir el carácter de una persona. Platón les decía a sus estudiantes: "Imaginen que les doy un anillo que, cuando se lo colocan, los hace invisibles a la vista humana. ¿En qué situaciones elegirían usarlo?" Para Platón, la prueba era ver si las palabras de una persona coincidían con sus acciones. Por ejemplo, podría decirle a su esposa que tiene la firme convicción de no mirar películas que incluyan contenido sexual, sin embargo, cuando ella no se encuentra, simplemente se coloca el anillo y mira *cualquier* película sin ser detectado. Le afirma a su cónyuge que confía en él, pero se coloca el anillo para verificar sus mensajes de texto cuando deja el teléfono sobre la mesa. Para Platón, la virtud (integridad, carácter, credibilidad, veracidad) no era eso que usted hace solamente cuando alguien más lo está observando; sino quién es verdaderamente cuando nadie lo mira. Al igual que el Rey David, necesitamos pedirle regularmente al Señor:

"Examíname, oh Dios, y conoce mi corazón;
Pruébame y conoce mis pensamientos;
Y ve si hay en mí camino de perversidad,
Y guíame en el camino eterno." (Sal 139:23-24).

Pedirle a Dios que examine nuestro corazón no es para cobardes. ¿Cómo respondería a lo siguiente?

- ¿Realmente le digo la verdad a mi cónyuge, o son medias verdades?
- ¿Existen áreas en las que me resulta difícil contarle la verdad a mi cónyuge?
- ¿Soy honesto cuando se refiere a asuntos de tentación sexual?
- ¿Soy honesto con la administración de las finanzas?
- ¿Soy una persona de palabra? ¿Generalmente cumplo con lo que digo que voy a hacer?
- ¿Vivo en privado los mismos valores sobre los que hablo en público?
- Si tuviera el anillo de Platón, ¿cómo lo utilizaría?[78]

Como varias personas lo han afirmado, nuestro verdadero carácter se revela en la manera en que nos comportamos cuando nadie nos ve. ¿Cuánta discrepancia existe entre quién soy en público y quién soy en mi vida privada?

Nuestra introspección también debería aplicar a nuestra relación con Dios. Podemos fácilmente afirmarles a nuestro cónyuge y a nuestros hijos que Dios es una prioridad, ¿pero lo es? Pablo le argumenta a la iglesia en Roma que todos deberíamos presentarnos como sacrificios vivos a Dios (Ro 12:1-2). "El problema con los sacrificios vivos," observa con humor el educador cristiano Howard Hendricks, "es que siguen deslizándose fuera del altar."[79] ¿Con cuánta frecuencia proclamamos audazmente nuestra lealtad a Cristo de forma pública, mientras que en privado nos escapamos del altar de sacrificio? En la base de la prueba de Platón se encuentra la idea de que el verdadero carácter se manifiesta cuando nadie nos ve. Cuando la batalla espiritual comience a acalorarse, nuestro verdadero carácter será revelado. Si bien nadie es perfecto, las decisiones morales y los hábitos que cultivamos en el transcurso del tiempo sirven como una defensa vibrante contra el ataque espiritual.

Calzados los pies con el apresto del evangelio de la paz. Lo que más separaba a los soldados romanos de sus adversarios no eran las tácticas o el armamento superior. Sorprendentemente, era su calzado. Sus botas (llamadas "caligas") tenían pinches que no solo les permitían marchar rápidamente, sino también permanecer firmes cuando se defendían contra los ataques. Una vez que el soldado romano plantaba su pie, era casi imposible moverlo. Nuestra armadura espiritual también nos permite ganar una firme posición, de la mano de Dios. Pablo escribe que nuestros pies no están "calzados" con pinches, sino con "el apresto del evangelio de la paz" (Ef 6:15).

Como ya hemos observado, una de las tácticas preferidas de Satanás no trata solamente de enemistar a los cónyuges, sino también de hacernos creer que Dios se ha puesto en contra nuestra. ¿Es posible, sugiere el maligno, que Dios pueda estar tan cansado de nuestro pecado, que estalle de ira? La respuesta de Pablo se encuentra es su concepto de *gracia superabundante*. Uno de los resultados más importantes del evangelio es que, para aquellos que aceptan a Cristo, Dios les extiende una gracia eterna. Pablo nos informa que en Cristo tenemos tanto la "redención" como el "perdón de los pecados" (Ef 1:7). La redención expresa el hecho de que hemos sido liberados de la esclavitud del pecado mediante la paga de un precio. ¿Cuál fue el costo de nuestra libertad? En lenguaje gráfico, Pablo nos dice que fue a través de la sangre y el sacrificio de Cristo (v. 7). El resultado es que todos nuestros pecados han sido perdonados (pasados, presentes y futuros). Cuando Jesús murió hace dos mil años, ¿cuántos de nuestros pecados ocurrieron en el futuro? Respuesta: ¡todos ellos! Como resultado, todos nuestros pecados han sido pagados desde la perspectiva de Dios.

Como Satanás asegura, ¿es posible que la paciencia o la gracia de Dios puedan agotarse a medida que nos movemos por la vida? No. Nuestra paz con Dios es "según las riquezas de su gracia" que "hizo sobreabundar para con nosotros" (Ef 1:7-8). La palabra griega para "sobreabundar" significa "exceder en número."[80] Imagine un límite numérico para la gracia de Dios. *Si miro pornografía veinte veces más, ¡Dios se cansará de mí! Si pierdo la paciencia con mis hijos diez veces más, ¡Dios perderá su paciencia conmigo! Si desatiendo mis votos matrimoniales por un año más, la paciencia de Dios se agotará.* La gracia sobreabundante que Pablo describe excede *esa* cifra. A continuación vemos dos resultados. Primero, nunca debemos cuestionar la posición firme que tenemos con Dios. Sin importar de qué nos acuse Satanás, la posibilidad de que Dios condene a sus hijos ha sido removida (Ro 8:1).[81] Segundo, la gracia sobreabundante que hemos recibido es para que se las transmitamos a nuestros cónyuges. Pablo afirma: "Antes sed benignos unos con otros, misericordiosos, perdonándoos unos a otros, *como* Dios también os perdonó a vosotros en Cristo" (Ef 4:32, énfasis añadido).

INVESTIGUEMOS CON MAYOR PROFUNDIDAD

El concepto bíblico de redención proviene de la palabra griega *agorazo* que significa comprar en el mercado. En los tiempos del Nuevo Testamento, los esclavos eran vendidos al mayor postor en las subastas públicas. Esa imagen es tomada por los escritores del Nuevo Testamento para describir nuestra salvación. Como esclavos del pecado, fuimos comprados por

Cristo (su apuesta se hizo pública en la crucifixión) y fuimos liberados de la esclavitud de una vida pecaminosa. De la misma forma en que los esclavos eran vendidos de un dueño a otro, nosotros también pasamos de ser oprimidos por el maligno a convertirnos voluntariamente en esclavos de Cristo. "Los creyentes no son llevados por Cristo a una libertad de comodidad egoísta. En cambio, debido a que han sido comprados por Dios a un terrible costo, se han convertido en esclavos de Dios, para hacer su voluntad."*

El escudo de la fe. Si bien la confianza de los soldados romanos era bien conocida, hubo un arma que generaba temor incluso a estos soldados de elite: los dardos de fuego. La cabeza de estos dardos se sumergía en alquitrán y era encendida. El efecto psicológico de ser el blanco de cientos de dardos encendidos debe haber sido perturbador. Incluso si el escudo del soldado lograba detener el dardo, el escudo se incendiaría. En un relato histórico, un comandante romano tuvo más de doscientos dardos incrustados en su escudo y sobrevivió. Los soldados romanos descubrieron que cubrir sus escudos con una capa de piel de animal extinguía el fuego del dardo en caso de ser alcanzado por uno. De forma similar, Pablo les advierte a sus lectores que necesitan estar alertas a los dardos encendidos que son diseñados por el maligno para descarrilarlos. Para responder a este ataque, Pablo nos encarga que tomemos el escudo de la fe (Ef 6:16).

El propósito de este escudo espiritual es "extinguir" las estrategias de Satanás antes de que se propaguen. Sin embargo, la fortaleza de nuestro escudo estará determinada por la seguridad de nuestra fe. En este aspecto, desafortunadamente, muchos cristianos son vulnerables. ¿Cuán estable es su fe? ¿Cuánta seguridad le proporciona su fe?

* Leon Morris, *The Apostolic Preaching of the Cross* [El mensaje apostólico de la cruz], 3ra. Ed. (Grand Rapids: Eerd-mans, 1965), 54.

Imagine que está siendo perseguido por un puma. Para escapar, corre hacia una cabaña de madera y cierra rápidamente la puerta. Al mismo tiempon que se escapa hacia un rincón, escucha que el puma golpea la puerta. ¿Se siente seguro? Todo depende de la resistencia de la puerta. Si está infestada por termitas y podrida, se encoge de miedo cada vez que golpea la puerta. Sin embargo, si la puerta está reforzada con acero, puede relajarse fácilmente. Trágicamente, la mayoría de los cristianos de hoy en día no tienen idea de cuán fuerte es la puerta de su fe; por lo tanto, se encogen de miedo en *cada* desafío. Con el tiempo, esta incertidumbre tiene un costo.[82]

En la actualidad, en términos de creencia, cada vez más adultos norteamericanos se identifican con la categoría "ninguna" y ya no se identifican con ningún grupo religioso. Tristemente, el setenta y ocho porciento de los que se identifican con "ninguna" fueron criados en familias religiosas. De acuerdo con la investigación de Pew, los que fueron encuestados brindaron las siguientes razones para haber abandonado la fe:

- Aprendí sobre la evolución cuando asistí a la universidad.
- El pensamiento racional deja sin efecto la religión.
- Me di cuenta en algún momento de que realmente no creía.
- Falta de evidencia de un creador.[83]

Junto con miles de otras personas, aquellos que respondieron que no sostenían ninguna creencia concluyeron que la puerta de la fe se encontraba, finalmente, endeble. Como pareja, ¿cuál es su conclusión? Si bien la necesidad de la fe nunca será eliminada (Heb 11:6), Jesús nos ordenó amarlo con todo nuestro corazón, con toda nuestra alma y con toda nuestra mente (Mt 22:37). ¿Cuáles son las razones por las que usted, como pareja, se aferra a la fe? ¿Qué cuestiones provocan que sea difícil creer? Durante más de veinticinco años, he entrenado a cristianos en la forma de responder a las dudas que desafían la fe. Los siguientes son los desafíos más comunes aportados por las distintas audiencias:

- ¿Puede Dios seguir siendo bueno en un mundo de dolor y sufrimiento?
- ¿Cómo puede ser que el cristianismo sea el único camino a Dios cuando los budistas, los musulmanes y los hindúes son tan sinceros en su fe como yo lo soy con la mía?
- Si Jesús es el único camino hacia la salvación, entonces ¿qué sucede con las millones de personas que nunca han escuchado sobre él?
- Con tantas interpretaciones diferentes de la Biblia, y generalmente controvertidas, ¿cómo podemos saber lo que dice en realidad?
- ¿Realmente Dios les ordenó a los ejércitos de Israel que mataran a las mujeres y a los niños? Si así fue, ¿por qué es pasado por alto?

Considerar preguntas como estas puede ser desconcertante y, si somos honestos, deprimente. Comprensiblemente, muchos respondan dejando a un lado sus preguntas por completo. Sin embargo, si no aumentamos nuestro compromiso con Jesús con razones sólidas para la fe, ¿lo estamos amando solo con una parte de lo que somos? Con el transcurso del tiempo, ¿se volverá más difícil mantener a raya las dudas y las preguntas perturbadoras? Al igual que aquellos que ahora no se identifican con ninguna creencia, nuestra fe comienza a extinguirse lentamente. Si bien no necesitamos renunciar a nuestros trabajos y convertirnos en apologistas profesionales, nuestro escudo de la fe crece en parte por conservar razones firmes para nuestras creencias más preciadas. Desatender las preguntas díficiles como pareja es brindarle una oportunidad al maligno para que ataque nuestra fe.[84]

El yelmo de la salvación. Para un soldado, es evidente la necesidad de un yelmo de calidad. Si recibiera un golpe en la cabeza, el soldado rápidamente se desorientaría, o incluso le ocurriría algo peor. Mediante el uso de sus dardos encendidos, Satanás busca perturbarnos y desorientarnos del mismo modo (Ef 6:16). Los antiguos líderes de la iglesia como Orígenes y Jerónimo interpretaron que estos dardos encendidos eran el intento del maligno de colocar pensamientos perturbadores en las mentes de los creyentes.[85] Para defendernos, Pablo nos manda que nos pongamos el yelmo de la salvación para asegurarnos de mantener la perspectiva correcta en cuanto a nuestra relación con Dios. Una y otra vez, Pablo nos insta a renovar nuestras mentes con la verdad de Dios (Ro 12:2).

Una pregunta clave para cualquier cristiano es: ¿Quién controla tus pensamientos? Pablo afirma: "Porque el ocuparse de la carne es muerte, pero el ocuparse del Espíritu es vida y paz" (Ro 8:6). De la observación de Pablo surgen dos preguntas. La primera, ¿nuestras vidas están marcadas por una paz profundamente arraigada en la gracia, el amor y la salvación de Dios? Pablo detalla que es un amor tan sólido que nada puede separarnos del cuidado de Cristo (Ro 8:31-39). La segunda, ¿cómo pueden nuestras mentes ser controladas por el Espíritu? La última pieza de protección aborda de qué manera puede el Espíritu asegurar que tengamos una forma de pensar correcta.

La espada del Espíritu. Si bien todas las armas eran importantes para un soldado romano, había una que nunca se apartaba de su lado. Mientras que la espada larga, llamada *spatha*, solo era llevada a la batalla, la espada corta romana estaba siempre con el soldado, incluso cuando estaba fuera de servicio. Esta espada corta era afilada en ambos lados y podía utilizarse para atacar y detener los golpes de un enemigo o ladrón local. Para los cristianos, nuestra espada corta espiritual es la Palabra de Dios aplicada a nuestra forma de pensar, a través del Espíritu Santo. Cuando las tentaciones o los pensamientos acusadores son dirigidos hacia nosotros por el maligno, el Espíritu contraataca trayendo a la mente la verdad bíblica. El escritor de Hebreos sostiene que la Palabra de Dios es "viva y eficaz." Más afilada que una corta espada romana, es capaz de juzgar "los pensamientos y las intenciones del corazón" (Heb 4:12). El Espíritu considera a los no cristianos como culpables, pero a los cristianos los considera justos y perdonados. Pero, ¿cuánto material le damos al Espíritu Santo para que obre en nuestras vidas y en nuestros matrimonios? ¿En qué medida las prácticas espirituales, como la meditación y el tiempo a solas, o incluso leer la Biblia regularmente, son comunes en el fluir de nuestro matrimonio?

LifeWay Research encuestó a más de 2.900 protestantes feligreses y descubrió que solamente el diecinueve por ciento lee la Biblia diariamente. Aquellos que leen la Biblia como parte de una rutina diaria infroman que dedican bastante tiempo para confesarse, tienen una mayor aceptación del perdón, hacen que la obediencia a Dios sea una prioridad, oran por los demás y tienen un mayor enfoque en el crecimiento espiritual.[86] ¿Podemos esperar de forma realista que el Espíritu nos recuerde las Escrituras si no hemos sido saturados de la verdad bíblica?

EVALUEMOS NUESTRA PROTECCIÓN ESPIRITUAL

Basado en la descripción de Pablo sobre la armadura espiritual, ¿cuán protegido se encuentra? Para ayudarlo a medir su protección individual, considere las siguientes preguntas.

El cinturón de la verdad. ¿Con cuánta frecuencia manipulo la verdad con los demás? Si las personas verificaran lo que les digo, ¿qué descubrirían? ¿Existen áreas de mi vida personal que nunca revelo completamente? ¿Me adhiero a mi propia versión de post verdad?

La coraza de justicia. ¿Soy una persona confiable? ¿Son los valores que defiendo públicamente los mismos que vivo en mi hogar? ¿Soy una persona que cumple su palabra? ¿De qué manera me veo más tentado a utilizar el anillo de la invisibilidad de Platón? ¿Con cuánta frecuencia le pido a Dios que examine mi corazón?

El calzado del apresto del evangelio de la paz. ¿Creo que Dios me llena de su gracia? ¿ Podría llegar a agotar la gracia de Dios? ¿Con qué pecado lucho que me tienta a pensar que Dios podría darme la espalda si no dejo de hacerlo?

El escudo de la fe. ¿Tengo buenos motivos que apoyen lo que creo? ¿La puerta de mi fe es lo suficientemente firme como para aguantar un desafío? ¿Cuáles son mis dudas? ¿Mis dudas me generan vergüenza? ¿Mi orgullo me ha impedido compartir mis dudas con los demás? ¿Mi fe en Dios está creciendo o se está estancando?

El yelmo de la salvación. ¿Tengo una paz profundamente arraigada de que Dios me ama? ¿Algo podría separarme del amor de Dios? ¿Cuánto influye el Espíritu en mi forma de pensar? ¿Con cuánta frencuencia vuelvo a caer en los viejos hábitos de pensamientos?

La espada del Espíritu. ¿Con cuánta frecuencia leo la Biblia? ¿Generalmente me tomo un tiempo para meditar en la verdad bíblica, y permito que el Espíritu me la revela de una forma personal? ¿Alguna vez leí la Biblia completa?

VISTÁMONOS DE LA ARMADURA EN PAREJA

Evaluar su propia protección espiritual es solo la mitad de la ecuación. Cuando utilizó al soldado romano como modelo, Pablo era plenamente consciente de qué era lo que hacía famosos a los ejércitos romanos: la lucha como una unidad. Antes de que se le entregaran las armas a los reclutas, se les enseñaba a marchar y a pensar como una unidad. Cada paso que daban era al unísono, o de lo contrario eran rápidamente castigados por sus entrenadores. Los comandantes comprendían que los rezagados que rompían la formación en medio de la batalla ponían a todos los demás en riesgo. Un soldado era inculcado con la idea de que sus opciones de sobrevivir dependían de actuar en coordinación con los hombres que se encontraban a su izquierda y a su derecha. Estar fuera de la sincronía era un asunto de vida o muerte.

El mismo principio se aplica a la protección espiritual de nuestro matrimonio. No basta con enforcarnos solamente en nuestra propia protección. Al igual que el soldado romano, el nivel de protección de su cónyuge lo afecta directamente, y viceversa. Cuando no dice la verdad no solo afecta su intimidad personal con Dios, sino que también altera el nivel de confianza en el matrimonio. Su falta de confianza en Dios afecta su toma de decisiones como pareja. No puede esconderse detrás del escudo de la fe de su cónyuge. Si una persona es débil, ambos son vulnerables. ¿Cómo evaluaría su matrimonio como una unidad de lucha, en relación con la protección de Dios? Considere lo siguiente como pareja.

El cinturón de la verdad. ¿Existen áreas en su matrimonio en las cuales no siente la libertad de ser sincero? ¿Nos castigamos mutuamente cuando decimos la verdad? Cuando nos decimos la verdad, ¿es todo verdad, sin amor? ¿O estamos tan inseguros de nuestro matrimonio que solamente brindamos amor y nunca decimos la verdad?

La coraza de la justicia. ¿Qué nivel de confianza existe en el matrimonio? Como pareja, ¿generalmente nos disponemos en el altar como un auto-sacrificio, o continuamente nos escapamos para hacer lo que nos parece mejor?

El calzado del apresto del evengelio de la paz. ¿Generalmente nos brindamos gracia mutuamente? ¿Somos compasivos con los demás?

¿Nos brindamos esa misma gracia a nosotros mismos? ¿La sobreabundante gracia de Dios nos ha hecho más tolerantes con las faltas del otro?

El escudo de la fe. ¿Nuestra fe está madurando en todos los aspectos de la pareja (corazón, alma y mente)? ¿Nos hemos estancado en nuestra fe? ¿Qué pasos de fe hemos realizado últimamente? ¿Qué dudas acerca de la bondad o de la provisión de Dios hemos experimentado como pareja? ¿Creemos que Dios todavía sigue obrando en nuestro matrimonio? ¿Qué ejemplos podríamos detallar de la provisión de Dios?

El yelmo de la salvación. ¿En qué medida influye el Espíritu en nuestras decisiones como pareja? ¿Qué es lo que hace que sea fácil creer lo mejor de mi cónyuge? ¿Qué es lo que dificulta que crea lo mejor de mi cónyuge?

La espada del Espíritu. Como pareja, ¿cómo pasamos nuestras tardes? ¿Miramos Netflix o dedicamos el tiempo a leer juntos la Biblia? ¿Cuánto nos animamos entre nosotros no solamente a leer las Escrituras, sino también a meditar en ellas? ¿Qué cambios necesitamos realizar en nuestro programa cotidiano para liberar tiempo para leer y reflexionar acerca de la Palabra de Dios?

La última parte de nuestra protección espiritual no se basa en el modelo del soldado romano. Es una parte exclusiva de la guerra espiritual y contiene la llave de nuestro éxito. Se nos dice que lo hagamos *en* el espíritu y en *toda* circunstancia. Pablo incluso nos pide que lo hagamos por él mientras se encuentra en luchas. El último elemento de nuestra protección (la oración) es el tema del capítulo seis.

ENTREVISTA: PROTECCIÓN ESPIRITUAL

Clint Arnold es un erudito en el Nuevo Testamento de clase mundial que se especializa en el tema de la guerra espiritual. No solo escribió el prefacio de este libro, sino que sus escritos y sus comentarios (con muchas tazas de café de por medio) han sido invaluables. Se especializa en la forma en que el apóstol Pablo aborda el tema de la oposición espiritual y en el consejo que les da a los creyentes acerca de cómo protegernos.

TIM: Luego de su estudio sobre Pablo y el Nuevo Testamento, ¿cuál cree que es la táctica favorita de Satanás?

CLINT: Lo primero que hace es provocar que nos cuestionemos nuestra posición frente a Dios. Esto no es para nada extraño, ya que *diabolos* (el diablo) significa "acusador." El tema central de la enseñanza de Pablo es que hemos recibido la justicia como un regalo de parte de Dios. No todo está perdido si nos hemos equivocado, incluso si nos equivocamos muy mal. Ya que la justicia es un regalo, siempre estamos en una buena posición con Dios. Él Nunca va a rechazarnos.

TIM: ¿Cómo intenta Satanás socavar esta verdad?

CLINT: Todos nosotros, en algún momento, volvemos a pecar. Satanás intenta sacar provecho de esa lucha. "¿A quién intentas engañar? ¿Te llamas cristiano? ¡No mereces el amor y la gracia de Dios!" Pero ¿sabe qué? ¡No lo merecemos! Pero, lo tenemos sin importar cuánto luchemos.

TIM: Cuando nos encontramos en medio de nuestra lucha contra los pecados persistentes, es fácil olvidar cuánto nos ama Jesús.

CLINT: Totalmente. Somos los blancos principales de las mentiras de Satanás. Recientemente conversé con un hombre que volvió a caer en el hábito de la pornografía. Podía ver la vergüenza grabada en su cara. Decidí hacerle una extraña pregunta: "Si Jesús entrara en esta oficina ahora, ¿qué reacción tendría hacia usted? Él conoce todas sus luchas con la pornografía. ¿Cómo piensa que debería tratarlo?"

TIM: ¡Increíble! ¿Qué le respondió?

CLINT: Me dijo que pensaba que Jesús le daría la espalda. Jesús no querría tener *nada* que ver con él. Cuando dijo esto, casi salto de mi silla. Le dije: "¡Jesús le daría el mayor abrazo de oso que pueda imaginarse!" Este pobre hombre era susceptible al maligno porque no estaba vestido con lo que Pablo llama el cinturón de la verdad. ¡Debemos vernos como Dios nos ve! Escuche las verdades de Dios por sobre las mentiras de Satanás.

TIM: Me alegra que haya mencionado una parte de la armadura espiritual.

CLINT: Parece que le hubiera sido útil poder utilizar una armadura de verdad cuando peleó con los cinturones negros (riéndose).

TIM: Auch. No me lo recuerde. ¿Qué debemos tener en cuenta cuando utilizamos la armadura espiritual descripta por Pablo?

CLINT: No hay que exagerar la guerra espiritual. Satanás no es como el hombre de la bolsa que solamente se presenta cuando las personas juegan con un tablero de güija. ¡Es mucho más sutíl que eso! Busca pequeños espacios e intenta obtener lo mejor de ellos.

TIM: Como el enojo.

CLINT: Exactamente. Todos nos enojamos. Satanás busca el tipo de enojo que pueda cultivarse y convertirse en rencor o amargura. Antes de que nos demos cuenta, le hemos dado lugar. Luego, ponerse la armadura espiritual implica necesariamente practicar disciplinas espirituales como la oración, el ayuno, la lectura de la Biblia y la meditación en la verdad de Dios.

TIM: Sería como comer las frutas y verduras espirituales.

CLINT: Así es. La regla simple de la batalla espiritual es que cuanto más cerca estemos de Jesús, más protegidos vamos a estar.

TIM: Esperaba que fuese algo más parecido a los Power Rangers que decían: "¡Mórfosis, amigos!" cuando se dirigían a la batalla.

CLINT: No. La armadura de Dios es un estilo de vida de búsqueda de Dios, no un truco de superhéroe.

TIM: ¿Hay alguna parte de la armadura que considera que es la más ignorada por los creyentes?

CLINT: Es extremadamente importante que, como indica Pablo, "oremos en el Espíritu." En parte, eso significa pedirle al Espíritu que nos alerte de los ataques espirituales y que imprima en nosotros las formas en que Satanás puede tentarnos individualmente o como pareja.

TIM: ¿Cómo sería eso?

CLINT: Si usted y su cónyuge están atravesando un desacuerdo inusualmente intenso, sería prudente que se tomen un tiempo y le pidan al Espíritu que les revele si hay fuerzas espirituales involucradas que intentan crear división entre ustedes. Pidan una percepción específica de la manera en que el maligno podría estar intentando sacar provecho de las emociones, los temores o el enojo. Si la respuesta es *no*, entonces tiene la difícil tarea de resolver las diferencias. Si la respuesta es sí, entonces debe elaborar un plan.

TIM: ¡Como comprar este libro!

CLINT: Estaba pensando en un plan que incluya orar humildemente juntos para recibir la ayuda del Espíritu.

TIM: Claro, ¡Eso también! (sonriendo)

PARA CONTINUAR LA CONVERSACIÓN

1. Como cónyuge, ¿cómo evaluaría su propia protección espiritual? ¿En qué áreas su armadura espiritual es más vulnerable frente a los ataques? ¿Qué pasos concretos debería tomar de forma individual para reforzar su armadura?
2. Como pareja, ¿cómo evaluaría su protección espiritual? ¿Qué áreas son más vulnerables frente a los ataques? ¿Què tan bien trabajan como equipo para prepararse en cada aspecto de la armadura espiritual?
3. Estar calzados con el apresto del evangelio de la paz significa que experimentamos la sobreabundante gracia de Dios, que es inagotable. ¿Creen en esta verdad como pareja (Ef 1:7-8)? ¿Qué pecado especìfico cometido por su cónyuge lo tienta a retener la gracia?
4. De acuerdo con Arnold, orar en el Espíritu significa pedirle que nos alerte de los ataques espirituales y que imprima en nosotros la manera en que Satanás puede tentarnos individualmente o como pareja. ¿Cuán frecuente le piden al Espíritu como pareja que los alerte sobre posibles ataques espirituales? Si rara vez lo hacen, ¿qué les impide buscar la perspectiva del Espíritu?

6

NUESTRA MAYOR DEFENSA: LA ORACIÓN

REACTIVEMOS LA PROTECCIÓN ESPIRITUAL

Escucho que los intrusos están subiendo por la escalera.

Con cada golpe seco, se acercan a nuestra habitación. Me levanto de la cama y me coloco al lado de la puerta; con los puños en alto y mi corazón palpitando aceleradamente. Tengo la fuerte sensación de que no están aquí para llevarse nada, sino para lastimarnos a mi esposa y a mí. *Si atraviesan la puerta, necesito atacarlos primero. Derribarlos uno por uno con la esperanza de que no estén armados*. Me preparo para que la puerta se abra. Pero eso nunca ocurre. Lentamente, la razón supera al temor. ¿Por qué no ladró nuestro perro? ¿Cómo evitaron el sistema de alarma? ¿Por qué mi esposa sigue durmiendo? Abro lentamente la puerta y miro hacia un corredor oscuro y vacío. ¿Estaba soñando? Se sintió tan real. Con el corazón todavía acelerado y con gotas de sudor que caían sobre mi frente, me deslizo bajo las sábanas.

La noche siguiente, volvió a ocurrir.

Tres días antes de que comenzaran estos sueños, acepté servir como pastor interino de enseñanza en una iglesia en Orange County, California, mientras que buscaban a un pastor principal. Mi esposa y yo tuvimos el mismo sentir que debíamos cumplir esta función y que esto nos convertiría en el blanco de ataques espirituales. Los sueños violentos eran una confirmación inquietante de que estábamos en lo correcto con respecto a ambas cosas.

Cuando los sueños comenzaron, sentimos la urgencia de vestirnos de la protección espiritual descripta en el capítulo cinco. Pero, ¿cómo? El problema con la armadura espiritual es que no es como un protector pectoral o un casco que nos ponemos y listo. En cambio, nuestra protección espiritual es la práctica diaria de acercarse a Dios y de aceptar la verdad bíblica. ¿Cómo nos acercamos a Dios en momentos de guerra espiritual? Santiago nos aconseja: "Someteos, pues, a Dios; resistid al diablo, y huirá de vosotros" (Stg 4:7). Continúa: "Acercaos a Dios, y él se acercará a vosotros" (v. 8). La principal manera en que nos acercamos a Dios es a través de la oración. El autor Kenneth Boa comenta: "Nada consigue tanto como la oración; es el medio por el cual obtenemos nuestra fortaleza en el Señor."[87]

A medida que continuaban los sueños violentos, ¿qué ayuda podía otorgarme el modelo de oración de Jesús para contrarrestar esta aterradora forma de ataque espiritual?

LA ORACIÓN DE JESÚS Y LA BATALLA ESPIRITUAL

Si la oración es, como lo sugiere Kenneth Boa, el medio por el cual obtenemos nuestra fortaleza en el Señor, entonces, ¿oramos como lo hizo Jesús? Cuando consideremos el modelo de oración de Jesús, lo haremos a través de la lente de la batalla espiritual y de la armadura de Dios descripta en el capítulo cinco. Este enfoque está justificado, ya que el modelo de oración termina con el sensato pedido "líbranos del mal" (Mt 6:13).[88] "Vosotros, pues, oraréis así," comienza Jesús. En parte, el propósito de la oración es desafiar la forma en que consideramos nuestras prioridades. El personaje célebre de la iglesia y autor John Stott destaca que podemos repetir fácilmente las palabras de Jesús como un loro, pero sin ninguna reflexión. Sin embargo, la oración de Jesús está diseñada para sacarnos de nuestros propios intereses. John Stott indica: "Constantemente somos presionados a conformarnos al egocentrismo de la cultura secular." La oración que consideraremos es una revolución contra los intentos del diablo de influenciar nuestras prioridades. "En la contracultura cristiana nuestro interés prioritario no es nuestro nombre, reino y voluntad, sino los de Dios."[89] El comienzo de esta oración contraataca directamente una de las estrategias preferidas de Satanás.

Padre nuestro que estás en los cielos. "Quizás el ataque más insistente y frecuente de Satanás, sea la acusación," afirma Neil T. Anderson en su libro *Rompiendo las cadenas*.[90] Como se demostró en el Jardín, el maligno insinúa constantemente que Dios no piensa lo mejor para nosotros. La razón por la que la acusación gana terreno es porque generalmente comparamos a Dios con nuestros padres humanos imperfectos. O quizás lo comparamos con un padre que nos amó, pero carecía de los recursos para cuidarnos adecuadamente. Jesús comienza su oración como un ataque preventivo contra cualquier intento por debilitar nuestra confianza en el amor o en la provisión de Dios. Jesús es cuidadoso en comunicar que Dios no es "el tipo de padre del cual algunas veces leemos u oímos -autocrático, playboy, borrachín- sino que él mismo cumple el ideal de paternidad con su cuidado amoroso hacia sus hijos."[91]

Cuando me dirijo a estudiantes que provienen de familias problemáticas, les pido que describan las características de un padre *ideal*. *Amable*, *amoroso*, *presente*, *generoso*, *compasivo*, *maduro*, *responsable* y *proveedor* son algunas de las características más comunes. Cuando mis estudiantes responden con esas palabras, reflejan la frase con la que comienza Jesús: "Padre nuestro [amable, amoroso, compasivo, maduro, responsable] que estás en el cielo [generoso, proveedor]." "Así, combina amor paternal con poder celestial, y su poder es capaz de llevar a cabo lo que ordena su amor."[92]

Cuando comenzamos nuestras oraciones con la afirmación "Padre nuestro que estás en el cielo," nos colocamos lo que Pablo describe como "el yelmo de la salvación" y "el calzado de la paz." Al dirigirnos a Dios como Padre, afirmamos la correcta relación que se nos permitió a través del evangelio. Con Dios en ese lugar, ya no existe condenación (Ro 8:1), sino compasión, perdón y sobreabundante gracia. El Rey David sostiene osadamente en el salmo 103 que para aquellos que se encuentran bajo la misericordia de Dios, no solo está el perdón de todos los pecados (v. 3), sino que Dios mismo los corona de favores y de misericordias (v. 4). David tiernamente sugiere que "Como el padre se compadece de los hijos, Se compadece Jehová de los que le temen" (v. 13). Pensar que Dios compasivamente siente hacia mí lo mismo que yo siento hacia mis tres hijos es increíble. No importa lo que hagan, siempre los amaré. El comienzo de la oración de Jesús no tiene la intención de ser un tipo de formalismo para dirigirse a Dios, sino una forma poderosa de apagar los dardos ardientes del diablo que quieren acusarnos. Con nuestro yelmo de la salvación firmemente colocado y nuestra posición en Dios asegurada con el calzado del apresto del evangelio de la paz, estamos correctamente ajustados como para continuar.

Santificado sea tu nombre. Santificar algo significa tratarlo como sagrado y honrarlo. El teólogo R.T. Kendal sugiere que, en esencia, es hacer un compromiso que posteriormente nos hace responsables. "Si oro para que el nombre de Dios sea tratado como santo, pero no tengo cuidado de manifestar santidad en mi propia vida, soy un hipócrita."[93] Uno de mis hijos era un talentoso jugador de básquet en la secundaria y había adquirido el hábito de cometer faltas técnicas durante los partidos. Luego de una falta técnica más, debíamos conversar. "¿Qué dice en la parte trasera de tu camiseta?," le pregunté. Respondió: "Mi apellido." "No," le repliqué, "*nuestro* apellido." Le expliqué que cuando jugaba, no solo se representaba a sí mismo y a la escuela secundaria, sino también a la familia Muehlhoff. Luego le pedí que honrara (santificara) nuestro nombre con una conducta que reflejara los valores de nuestra familia.

Lo mismo ocurre cuando buscamos honrar el nombre de Dios. Santificar el nombre de Dios de esta forma refleja el *cinturón de la verdad* (decir la verdad) y la *coraza de la justicia* (vivir correctamente) que son partes centrales de la armadura de Dios. Orar regularmente para que el nombre de Dios sea santificado *y* tomar acciones para santificarlo en nuestra vida, limita seriamente la habilidad de Satanás para tentarnos.

Venga tu reino. Hágase tu voluntad, como en el cielo, así también en la tierra. En esta parte de la oración aprendemos un hecho interesante acerca de Dios. Por decisión propia, Él no fuerza su voluntad o su reino en los demás. El término griego para "voluntad" es *theléma*, que, en parte, se enfoca en el deseo de Dios.[94] Si bien Dios puede desear que nuestro planeta sea un lugar que refleje las cualidades del cielo (amor, paz, armonía), sabemos que existen señales de rebelión en todos lados. Dallas Willard observa: "El planeta Tierra y sus alrededores inmediatos parecen ser los únicos lugares de la Creación en que Dios permite que *no* se haga su voluntad."[95] Una parte clave de la oración de Jesús es que el reino de Dios primero invada nuestras vidas y luego inunde nuestros alrededores. Específicamente, nuestros matrimonios deberían ser reservas del reino de Dios en nuestros vecindarios y ciudades. Saber que un propósito clave de nuestro matrimonio es hacer avanzar el reino de Dios, en lugar de alcanzar una versión del sueño americano (subir constantemente de posición, una cuenta bancaria asegurada, felicidad) nos ayuda a mantener las relaciones de nuestro hogar en orden.

Por más de veinte años, mi esposa Noreen y yo hemos predicado en conferencias matrimoniales. Generalmente, esto también implica hablar en nuestra ciudad. Pronto, se corre la voz de que somos expertos en matrimonio. Si bien nos da gracia esa etiqueta y no nos lo tomamos en serio, aquellos que se encuentran alrededor nuestro sí lo hacen. Nunca olvidaré la vez en que fui a ver a uno de mis hijos jugar al baseball y un extraño se sentó al lado nuestro. "Mi esposa y yo recién nos separamos," me contó en un tono alto de voz. "Sé que enseñan sobre el matrimonio. ¿Podrían orar por nosotros?" Aunque no lo conocía, él sí nos conocía a nosotros. Sin duda alguna, todos lo que estaban sentados cerca de allí escucharon su confesión.

Rehuimos a la idea de ser expertos en matrimonio, ya que Noreen y yo luchamos como cualquier otro. Tener un doctorado en comunicación en las relaciones no ayuda en nada, a menos que estemos dispuesto a aplicar los conocimientos. En muchas ocasiones no lo hago. Sin embargo, saber que otros nos observan nos ayuda a comprender que nuestro matrimonio se trata de algo mayor. Se trata de mostrar el reino de Dios y de ser un rayo de esperanza para los demás. Lo mismo ocurre con su matrimonio. En la cultura divorcista actual, cada año que se mantienen unidos, su credibilidad aumenta y su matrimonio (aunque no sea perfecto) comunica un montón a aquellos que se encuentran alrededor suyo. Orar regularmente que "venga tu reino" no solamente nos ayuda a mantener nuestras prioridades en orden, sino también nos protege de adoptar el sistema de valores distorsionados de esta cultura.

Orar "venga tu reino" también requiere que utilicemos el escudo de la fe. Con las escenas de sufrimiento y de maldad que dominan las noticias, ¿todavía podemos creer que Dios es bueno? ¿Realmente sigue obrando en un mundo que aparentemente se encuentra en una espiral fuera de control? "Lo único que se puede decir de Dios," bromea Woody Allen, "es que es un fracasado." Si bien es difícil encontrar respuestas, una cosa es evidente: vivimos en un mundo repleto de dolor. Sin embargo, como cristianos creemos que Dios es bueno, que participa de nuestro dolor y que está profundamente comprometido con nosotros. Nuestra fe de que Dios es bueno debe estar arraigada en algún lado. Como pareja, ¿qué es lo que fundamenta su fe de que el reino de Dios está avanzando? Cada vez que vemos que un amigo no creyente se convierte, que una pareja que se encuentra en luchas decide no rendirse o cuando su propio matrimonio ve señales de crecimiento espiritual, vemos evidencias del avance del reino de Dios. En un mundo lleno de tanta oscuridad, necesitamos estar en la constante búsqueda de ejemplos donde el reino de Dios invade la tierra.

En la próxima sección de la oración de Jesús se produce un cambio de *tú* a *nosotros* y *nuestro*. Una vez que se ha reestablecido el enfoque en Dios, ahora tenemos la libertad de enfocarnos en nuestras necesidades y en las de aquellos que nos rodean. "Dios no solamente desea lo que es mejor para nosotros cuando nos pide que nos enfoquemos primero en Él; nos muestra que se preocupa por nuestras luchas cotidianas cuando se enfoca en nuestras necesidades."[96] Sin embargo, pronto veremos que la forma en que definimos "el pan nuestro de cada día" abre la puerta al ataque espiritual.

El pan nuestro de cada día, dánoslo hoy. Cuando consideran esta petición, algunos teólogos la han espiritualizado y definieron el *pan* como el alimento espiritual. Sin embargo, no existe razón para pensar que Dios no reconoce que, como seres físicos y emocionales, necesitamos alimento de todo tipo. Dios comprende que la búsqueda de santificar su nombre y avanzar en su reino requiere sustento. Por lo tanto, el pan de cada día seguramente se refiere a "necesidades físicas, emocionales, materiales, todas las necesidades que no se encuentran mencionada específicamente en las peticiones de la oración del Señor."[97] ¿Deberíamos molestar a Dios con asuntos triviales tales como pagar el alquiler, mantener el auto, encontrar amigos que piensen igual que nosotros, tener ropa adecuada, ajustarnos al presupuesto, mantener la paciencia con los adolescentes, entre otras cosas? Elegir "no molestar a Dios con estas trivialidades es un error tan grave como permitir que las trivialidades dominen nuestras oraciones."[98]

Cuando Jesús sugiere que oremos por el pan de cada día, muchos piensan que está haciendo referencia a los hijos de Israel que dependían de las porciones diarias de maná que Dios les proveía cuando vagaban por el desierto. El maná se pudría al final del día, lo que hacía imposible acumular la provisión de Dios. Para los norteamericanos, la tentación de acumular es inmensa. En la película del año 2017 *Todo el dinero del mundo*, el multimillonario J. Paul Getty (protagonizado por Christopher Plummer) se niega a pagar un rescate por diecisiete millones de dólares demandado por el secuestro de su nieto. Cuando sale a la luz que gana la suma del rescate en una tarde, responde que actualmente no tiene ese dinero para gastar. "¿Cuánto dinero necesita?," le pregunta un empleado. "Un dólar más de lo que tengo ahora," responde infamemente Getty.[99] Si bien pocos de nosotros podemos entender lo que significa ser dueños de tanta riqueza, ¡todos podemos sentir el deseo de proteger lo que tenemos! Orar por las necesidades de cada día es presentar resistencia a una cultura que no solamente acumula, sino que continuamente alimenta el deseo de tener un poco más: *más* dinero, *más* espacio y *más* posición social.

Perdónanos nuestras deudas. La frase "perdónanos nuestras deudas, como también nosotros perdonamos a nuestros deudores" parece implicar una relación con la idea de ojo por ojo, donde mis pecados son perdonados en proporción a cuánto yo perdono a los demás. ¿Ese es el tipo de relación recíproca que Jesús desea afirmar? No. ¡Jesús nos informa que el mayor indicador de aceptar totalmente el perdón de Dios es nuestro deseo y capacidad de perdonar a otros! El teólogo Mike Wilkins resume de una excelente manera la intención de Jesús: "Esto no enseña que los humanos deban perdonar a otros antes de recibir ellos mismos el perdón, sino que perdonar a los demás es una prueba de que los pecados de este discípulo han sido perdonados y de que esa persona posee la salvación."[100] Nuestra habilidad de perdonar a los demás es quizás nuestra mayor defensa contra el intento de Satanás de afianzarse en nuestras vidas. Muchos teólogos creen que albergar amargura o negarse a perdonar es lo que más nos hace susceptibles a la influencia demoníaca y a darle lugar al diablo.[101] A la luz de esto, Jesús pasa inmediatamente del perdón a la tentación.

INVESTIGUEMOS CON MAYOR PROFUNDIDAD

¿Qué lugar le damos al diablo cuando nos negamos a perdonar? Los investigadores destacan que, si elegimos no perdonar a los demás, esto genera consecuencias físicas, emocionales, mentales y espirituales directas. *Físicas:* el resentimiento produce un desequilibrio químico en las hormonas que nos hace susceptibles a la enfermedad, mientras que debilita todo el sistema inmunológico. *Mentales:* las consecuencias mentales incluyen depresión y un aumento de las hormonas del estrés en el cuerpo. *Emocionales:* odiar a alguien provoca que nos obsesionemos con ese tema particular, y reduce la habilidad de enfocarnos en las necesidades emocionales de los demás. *Espirituales:* las Escrituras establecen rotundamente que no podemos amar completamente a Dios si odiamos a otra persona (1 Jn 4:20).

Y no nos metas en tentación, mas líbranos del mal. Esta última petición posee un tono inquietante cuando consideramos que el verbo *librar* conlleva la idea de arrebatar algo que se encuentra en peligro inminente. "Aquí la idea es que el diablo nos atrae constantemente hacia el foso y las trampas de destrucción moral, y ser salvado de estos está más allá de la mera fuerza de voluntad humana. Solo la mirada, el arrebato y la salvación de Dios pueden salvarnos."[102] Por este motivo, los rabinos judíos recomendaban comenzar cada mañana y cada noche con una oración destinada a develar las tentaciones del diablo.

> No me lleves bajo el poder del pecado,
> ni bajo el poder de la culpa,
> ni bajo el poder de la tentación,
> ni bajo el poder de lo infame.[103]

La oración de Jesús es un claro recordatorio de las oraciones egocéntricas y débiles que ofrezco. En lugar de centrarme en mi relación con Dios, de santificar su nombre, de pedir que su reino avance, de examinar mi voluntad para perdonar y de buscar protección de las tentaciones demoníacas, comienzo cada oración con mi carrera, mis preocupaciones sobre la salud, sobre el proyecto actual para escribir un libro y las necesidades de mi esposa y de mis hijos. En otras palabras, comienzo con "las necesidades cotidianas" y omito la perspectiva del reino que está diseñada para mi protección. Lamentablemente, estas oraciones finalmente no logran reactivar mi armadura espiritual, y nos dejan a mi matrimonio y a mí susceptibles a ataques.

OREMOS CON AUTORIDAD

Capacitado como antropólogo, Charles Kraft dedicó toda su vida observando grupos con personas de diversas etnias. Con el transcurso del tiempo se convenció de dos realidades. La primera, la lucha contra los poderes de la oscuridad trasciende las fronteras y las etnias. La segunda, los seguidores de Cristo tienen el poder para detener esos poderes, pero rara vez utilizan la autoridad que Dios les otorgó para hacerlo. Luego de haber publicado más de veinte libros sobre el tema y de haber enseñado en destacados seminarios, Kraft es considerado un experto en el área de la guerra espiritual. Sus años de experiencia lo han llevado a desarrollar una visión de la autoridad espiritual que es esencial para contraatacar la oposición espiritual a través de la oración.

Para explicar su punto de vista, Kraft apela a un elemento que la mayoría de nosotros utiliza diariamente: la tarjeta de crédito. Mientras se preparaba para ir a la universidad, su hijo acudió a él con una petición. ¿Podía su nombre ser agregado a la tarjeta de crédito de su padre? Kraft aceptó y agregó el nombre de su hijo, lo que le otorgó completa autoridad financiera. Lo mismo ocurre con Jesús. "Cuando Jesús vino a la tierra, fue como si llevara una tarjeta de crédito de su Padre, con el nombre de su Padre en primer lugar y luego con su propio nombre debajo."[104] Durante su ministerio, Jesús nunca perdió de vista de dónde provenía su autoridad. Jesús declaró: "No puedo yo hacer nada por mí mismo" (Jn 5:30). Kraft destaca que siguieron dos condiciones. Jesús tenía plena autoridad para gastar "lo que se encontrara en la cuenta del Padre, siempre y cuando mantuviera una buena relación con el Padre y lo utilizara para los propósitos que el Padre aprobaría."[105] Después de su resurrección, Jesús sorprende a sus discípulos cuando les otorga su autoridad. Jesús les promete a sus discípulos que recibirán poder a través del Espíritu Santo (Hch 1:8). En la actualidad, Jesús nos transfiere el mismo poder y la misma autoridad a nosotros mismos. "Como cristianos no tenemos la opción de poseer o no esta autoridad. Está incluida en el paquete cuando recibimos al Espíritu Santo."[106] En nuestra conversión, nuestros nombres fueron automáticamente agregados a la tarjeta de crédito de Cristo. Pero, ¿cómo accedemos a esta línea de crédito espiritual?

Kraft sostiene que existen dos tipos de autoridad. La *autoridad por relación* está implícita en nuestros roles como cónyuges, padres, tías y tíos, jefes, maestros, pastores, líderes de la iglesia, maestros de la escuela dominical, consejeros de estudiantes residentes en un dormitorio universitario, entre otros. "Le otorgamos a estas personas, para bien o para mal, la autoridad para establecer estándares y para influenciarnos de muchas maneras."[107] Para las parejas de casados, la autoridad por relación es crucial en la lucha contra la influencia demoníaca. Los cónyuges poseemos una autoridad exclusiva para utilizar plenamente la autoridad y el poder de Jesús, a medida que intercedemos por el otro a través de la oración. Si determina (de acuerdo con el criterio establecido en los capítulos anteriores) que existe una influencia demoníaca que está atacando a su cónyuge, puede estar completamente seguro de que la oposición *debe* reconocer y responder a sus oraciones. Por ejemplo, cuando mi esposa comenzó a hablar en público en las conferencias matrimoniales, experimentó un caso serio de nerviosismo. Como no tenía experiencia en la oratoria pública, era de esperar que experimentara olas de ansiedad. Sin embargo, a medida que se aproximaba su primera conferencia, ella comenzó a cuestionar su valor. "¿Qué tengo para ofrecerle a un salón repleto de personas? ¿Quién querría escucharme?" Como su esposo, utilicé la autoridad de Jesús y oré por ella: "Por el poder que se me ha conferido como esposo de Noreen, reprendo todo poder de oscuridad. Como su esposo, rechazo cualquier intento de perjudicarla como hija de Dios y de atacar su confianza. Les ordeno que permanezcan en silencio." Eso fue todo.

Si Jesús realmente me ha delegado su poder, no necesito brindar un discurso de media hora a las influencias demoníacas. Mi padre tuvo la tarea de educar a tres muchachos revoltosos. Si bien él estaba casi de acuerdo con la mayoría de nuestros juegos bulliciosos, había veces que cruzábamos la línea. Todo lo que necesitaba decir era "Suficiente." No necesitaba sentarnos y defender su autoridad paternal. Él era el padre, nosotros no. Una palabra era suficiente. Caso cerrado. En ciertas situaciones, también poseemos el mismo poder. Kraft concluye: "Creo que a la cabeza del hogar y a la cabeza de una iglesia Dios les brinda automáticamente una clase de autoridad espiritual como parte inherente de su posición."[108] ¿Eso significa que solo puedo interceder por aquellos sobre los cuales ejerzo algún tipo de responsabilidad? ¿Significa que no tengo poder para interceder por mis amigos, vecinos o colegas de trabajo? No.

El segundo tipo de autoridad es lo que Kraft denomina *autoridad conforme a la intimidad personal*. Este tipo de autoridad no proviene de mi posición con respecto a los demás, sino de una relación íntima con Jesús. "Cuando nos mantenemos conectados con el Señor, obtenemos la autoridad que brinda la intimidad personal, y aprendemos a utilizar esa autoridad de la manera correcta."[109] La única condición para obtener este tipo de autoridad es estar correctamente relacionados con la fuente de autoridad: Jesús. Jesús les dice a sus discípulos: "Yo soy la vid, vosotros los pámpanos; el que permanece en mí, y yo en él, éste lleva mucho fruto" (Jn 15:5). Si bien el amor de Cristo por nosotros nunca flaqueará, nuestra habilidad para ejercer autoridad cuando oramos por nuestros amigos, colegas y vecinos puede verse comprometida por el pecado. De la misma forma en que la autoridad de mi padre podía verse comprometida si nos forzaba agresivamente a mí y a mis hermanos para que dejáramos de comportarnos mal, nuestra autoridad en Cristo puede ser igualmente comprometida si cedemos a las obras de la carne. Una cosa es clara de las enseñanzas de Kraft: los seguidores de Cristo tienen (ya sea por posición o asociación con Cristo) la autoridad para hacer retroceder a las influencias de las tinieblas cuando utilizan la oración.

INVESTIGUEMOS CON MAYOR PROFUNDIDAD

En su bestseller *El Adversario*, Mark Bubeck sostiene que las fuerzas de la oscuridad responden a la autoridad del creyente porque ellas mismas se encuentran bajo autoridad.[*] Cuando apela a Efesios 6, Bubeck afirma que Satanás es el comandante en jefe y el estratega supremo. Inmediatamente debajo de él se encuentran los "principados" y los príncipes, tales como el príncipe de Persia mencionado en Daniel 10. El siguiente nivel está compuesto por "poderes," que son menos poderosos que los príncipes, pero aun así pueden dañar gravemente a los creyentes. El cuadro organizacional continúa con los "gobernantes de las tinieblas," que pueden compararse con los sargentos de un ejército. Bajo sus órdenes se encuentran los seres descriptos como "espíritus malignos." Estos son los soldados terrenales que muy probablemente sean los que se encuentran en contacto directo con los creyentes. Estos seres son muy numerosos, como lo demuestra una legión entera que habita en un solo hombre (Mc 5:9).

ORACIONES DE GUERRA

Muchos consideran intimidante la idea de las oraciones de guerra. "No tengo idea cómo sería una oración así," es la respuesta común. Algunas aclaraciones pueden ser útiles. Primero, el modelo de oración realizado por Jesús puede considerarse un tipo de oración de guerra. Para ser liberados del "maligno" necesitamos aceptar nuestra relación correcta con Dios (*Padre nuestro*), quien posee toda autoridad (*que estás en los cielos*), que merece ser honrado (*santificado sea tu nombre*) y que sus propósitos se cumplan (*venga tu reino*). Podemos estar seguros de que Dios proveerá para las necesidades físicas, relacionales y espirituales de

* Mark I. Bubeck, *El adversario: el cristiano frente a la actividad demoníaca* (Grand Rapids, Editorial Portavoz, 2015).

cada día (*el pan nuestro de cada día, dánoslo hoy*). Nuestra habilidad para perdonar es evidencia de que hemos aceptado el perdón de Dios (*como también nosotros perdonamos a nuestros deudores*). Juntas, estas verdades espirituales nos protegen de la tentación y de las trampas del maligno (*más líbranos del mal*). Una vez que nos hayamos colocado en el centro de estas verdades bíblicas, podremos realizar oraciones que contrarresten a los desafíos específicos.

Segundo, cuando se trata de orar, muchos de nosotros somos autodidactas. En lugar de aprender de los demás, realizamos oraciones improvisadas en la marcha. El primer paso para formular oraciones de guerra es aprender de los demás. Conocido como el apóstol a Irlanda, San Patricio fue un misionero británico del quinto siglo a quien se le atribuyó el haber llevado el cristianismo a Irlanda. Su fervor evangelista engendró una oposición espiritual extrema. La tradición nos cuenta que para brindarse protección a sí mismo y a los demás, escribió una oración que se conoce como la coraza de San Patricio. Esta oración no solo ha animado a los creyentes por los siglos, sino que es un modelo para nosotros si consideramos crear nuestras propias oraciones de guerra.

> Me levanto hoy por medio de la fuerza de Dios que me conduce:
> Poder de Dios que me sostiene, Sabiduría de Dios que me guía,
> Mirada de Dios que me vigila, Oído de Dios que me escucha,
> Palabra de Dios que habla por mí, Mano de Dios que me guarda,
> Sendero de Dios tendido frente a mí, Escudo de Dios que me protege.
> Yo invoco este día todos estos poderes entre mí y el maligno,

contra despiadados poderes que se opongan a mi cuerpo y alma,
contra conjuros de falsos profetas,
contra las leyes negras de los paganos,
contra las falsas leyes de los herejes,
contra las obras y astucia de la idolatría,
contra los encantamientos de brujas, forjas y hechiceros,
contra cualquier conocimiento corruptor del cuerpo y del alma.[110]

Observe que la oración de San Patricio presta especial atención a los tres grandes enemigos de cada creyente (el mundo, la carne y el diablo). El "conocimiento corruptor" y los "conjuros" representan una cultura irlandesa que en ese tiempo estaba construida sobre principios paganos, sobre la guerra y sobre la esclavitud (el mundo). Las "obras y astucias de la idolatría" se centraban en los deseos corrompidos (la carne). Finalmente, se hace mención de los "despiadados poderes" (el diablo).

Nuestras oraciones deberían enfocarse de la misma forma es esos asuntos. Luego de haber conocido los modelos de oraciones de Jesús y de San Patricio, intente crear una oración suya. A continuación, se encuentran algunas oraciones que he creado en el transcurso de los años, que pueden adaptarse fácilmente.

Oposición al mundo. "Padre nuestro que estás en los cielos, gracias porque como pareja nuestro valor se encuentra en ti. Rechazamos los dichos del mundo de que nuestro valor se encuentra en la posición social, en el poder y en el deseo constante de obtener más. Ayúdanos a poner nuestra mente en las cosas del Espíritu (Ro 8:5). Rechazamos la tentación de Satanás para que pongamos nuestros programas por sobre los programas del reino. Rechazamos el intento de Satanás de hacernos considerar nuestro matrimonio como un contrato, en lugar de un pacto desinteresado. Con plena autoridad, intercedo por mi cónyuge y por mi familia, y rechazo cualquier mentalidad falsa producida por la cultura."

Relacionada a la carne. "Padre nuestro que estás en los cielos, te agradecemos por tu amor incondicional y por tu perdón (Ro 5:1). Somos hijos muy amados a pesar de nuestras faltas. Recibimos la convicción del Espíritu y rechazamos cualquier sentimiento de vergüenza. Ayúdanos a perdonarnos a nosotros mismos y a los demás, como tú nos has perdonado. Permítenos presentar nuestras vidas como instrumentos de justicia (Ro 6:13). Con plena autoridad, intercedo por mi cónyuge y por mi familia, y rechazo todo sentimiento de vergüenza que provenga de nuestras faltas."

Relacionada al diablo. "Padre nuestro que estás en los cielos, ayúdanos como pareja a utilizar toda la armadura espiritual (Ef 6:13-18). Danos discernimiento para distinguir entre las discusiones inherentes al matrimonio y la oposición espiritual. Hoy, permítenos acercarnos a ti a través de la oración. Mientras buscamos vivir los principios del reino, mantennos alerta a nuestro adversario. Con plena autoridad, oro por mi cónyuge y por mí, para que seamos adornados con la armadura espiritual y para que el diablo abandone los ataques actuales."

Si Dios nos ha proporcionado protección mediante la armadura espiritual y la oración, ¿por qué los cristianos son frecuentemente tan susceptibles a ser atacados por las fuerzas del mal? Somos más vulnerables cuando olvidamos que el modelo de oración de Jesús y la descripción de la armadura espiritual de Pablo no fueron diseñadas para utilizarse en forma aislada de otros creyentes. El modelo de oración de Jesús comienza con "Padre nuestro que estás en los cielos." El pedido para suplir las necesidades diarias, por el perdón y por ser librados del mal son todos presentados en plural. La oración más efectiva es la que se realiza en comunidad. De forma similar, la descripción de

Pablo de la protección espiritual se encuentra en una carta dirigida a una comunidad de creyentes en Éfeso, no a un individuo. Pablo finaliza su carta con una exhortación a los lectores para que estén "velando" mientras interceden por los demás (Ef 6:18). Nuestro nivel de alerta mejorará exponencialmente si nos mantenemos unidos para enfrentar al adversario.

ENTREVISTA: LA SUPREMACÍA DE LA ORACIÓN

Marla Campbell tiene sesenta y pico de años y ha pasado toda su vida haciendo dos cosas: enseñar a estudiantes y viajar por el mundo contándoles a las personas acerca de Jesús. Como profesora tiene seguridad económica y la admiración de sus estudiantes. Sin embargo, aparentemente Dios tiene otros planes en mente. ¡Le ha dejado muy en claro a Marla que el segundo capítulo de su vida incluye dejar la seguridad de la universidad para convertirse en misionera de tiempo completo en Europa!

MARLA: Pasé de tener seguridad económica a tener que recaudar dinero para todos mis gastos. Sentí que Dios me estaba pidiendo que tomara un gigantesco paso de fe hacia el vacío.

TIM: Para afirmar lo obvio, imagino que esta decisión le ha generado una gran ansiedad.

MARLA: ¡Adivinó! (riendo) ¡Sí! Pero el mensaje de Dios era claro: "Si cuidé de ti durante tus treinta, puedo cuidarte ahora. ¡Es tiempo de saltar!"

TIM: En referencia a la oración de Jesús, si Él proveyó "el pan de cada día" en el pasado, lo hará hoy también.

MARLA: ¡Así es!

TIM: Además de los temores normales que surgen frente a un cambio de carrera, ¿hubo señales de lucha espiritual?

MARLA: Cuando sentí por primera vez la guía de Dios, también sentí que inmediatamente el enemigo me atosigó de una manera terrible. "¡Estás loca de dejar un trabajo tan estable! A tu edad, ¿cómo vas a recaudar dinero para cubrir tu sueldo y el seguro médico? ¡Tus estudiantes te olvidarán tan pronto como te vayas!" Algo que he aprendido sobre el maligno es que elige los aspectos del llamado de Dios que requieren más fe (obtener el sustento, dejar a los estudiantes que amo) ¡y utiliza esas cosas para atacar!

TIM: Es decir, encuentra el talón de Aquiles y lo ataca.

MARLA: ¡Sin dudarlo! Aunque soy una mujer soltera, mi punto débil es el mismo que el de las parejas que leen este libro: las finanzas. A mi edad, ¿realmente voy a recaudar dinero para poder vivir? Es algo atemorizante y el diablo puede oler el temor a un kilómetro de distancia. Otra vez en referencia a la oración de Jesús, esta es la forma en que el maligno está intentando "meterme en tentación."

TIM: ¿Cómo combatió estos ataques espirituales?

MARLA: Con la oración y con una buena compañera de oración. Orar "no nos metas en tentación" es mucho más fácil con un compañero. Mi amiga Sandy me recuerda: "No puedes evitar que las aves vuelen sobre tu cabeza, pero sí puedes evitar que aniden en ella." En otras palabras, ¡es mi decisión darle lugar al maligno!"

TIM: Ya que soy calvo, no sabría decirte.

MARLA: (sonriendo) Perdón. No quise ser insensible.

TIM: (riendo) ¿De qué formas la oración ayuda a que las aves no aniden?

MARLA: Mi oración incluye recitar las Escrituras en cuanto surgen estos temores. La amonestación de Pablo es mi favorita: "Por nada estéis afanosos, sino sean conocidas vuestras peticiones delante de Dios en toda oración y ruego" (Fil 4:6). Oro ese versículo durante el día para llevar cautivos mis pensamientos. Tan pronto como se asoma el temor, lo combato con una simple oración: "Por nada estéis afanosos, por nada estéis afanosos, por nada estéis afanosos."

TIM: Volvemos a la importancia de orar con otra persona, ¿no es así?

MARLA: Me contacto frecuentemente con mi compañera de oración para actualizarla sobre la recaudación de fondos y sobre el retroceso de la intensidad espiritual. Generalmente su respuesta es: "Solo recuerda que Jesús te está diciendo que no mires a tu derecha o a tu izquierda. Más bien, ¡mírame a mí! ¡Yo te cuido!"

TIM: ¿Algún pensamiento que quiera compartir con las parejas que están leyendo este libro?

MARLA: ¿Le estamos permitiendo a Satanás que construya un nido en nuestra cabeza cuando albergamos dudas acerca de la bondad o la provisión de Dios? ¿Confiamos en que nuestro Padre celestial proveerá nuestro pan de cada día? ¿No estamos perdonando a los demás, del mismo modo en que nosotros hemos sido perdonados? ¡La oración es el medio que utilizamos para ahuyentar al diablo!

PARA CONTINUAR LA CONVERSACIÓN

1. "Padre nuestro" es la forma en que Jesús nos enseña a dirigirnos a Dios. ¿Cómo influye en este mandato su relación con su imperfecto padre terrenal? ¿Lo acerca o lo aleja de Dios?

2. Nuestra habilidad para perdonar a los demás es quizás nuestra *mayor defensa* contra los intentos de Satanás por obtener un lugar en nuestras vidas. ¿Existe alguna relación actual con la que albergue un espíritu de falta de perdón o de amargura? ¿Qué le impide acercarse a esa persona para resolver el problema? ¿De qué forma puede Satanás estar utilizando su reticencia para ganar lugar en su vida?
3. Basado en la autoridad por relación, ¿quiénes son las personas específicas por las cuales tiene el poder para interceder de forma regular (cónyuge, hijos, empleados, estudiantes, entre otros)? ¿Cómo lo motiva la autoridad por relación para orar?
4. Tómese un tiempo para crear sus propias oraciones de guerra como pareja. ¿Qué asunto (el mundo, la carne, el diablo) parece ser el más urgente? Comprométase a crear un borrador de una oración el día de hoy. Recuerde, el primer borrador no necesita ser perfecto y puede modificarse con el tiempo.

7

LA PERSPECTIVA DEL DIABLO

EL PUNTO DE VISTA DE C. S. LEWIS

¿Se pondría en el lugar de otra persona durante todo un mes?

Este desafío fue creado por el productor Morgan Spurlock para una amplia gama de personas, y dio origen a la exitosa serie transmitida por FX, *30 days* [30 días]. En cada episodio, los participantes acuerdan ponerse en situaciones que desafíen sus perspectivas. Los episodios incluyeron a un maestro de escuela ateo que tuvo que vivir con una familia cristiana conservadora, a un cristiano que tuvo que visitar una mezquita musulmana, a una persona encargada de deportar a inmigrantes ilegales que tuvo que recoger naranjas junto con trabajadores indocumentados, a una persona sin ninguna discapacidad física que tuvo que transitar por lugares públicos en una silla de ruedas, a una pareja de clase media que tuvo que vivir con un salario mínimo, entre otros. Pasaron treinta días viendo la vida desde la perspectiva de otra persona.

Mucho tiempo antes del exitoso programa de Spurlock, el autor cristiano C. S. Lewis creó el mejor proyecto para adoptar una perspectiva diferente. Lewis buscó ver el mundo no a través de la mirada de otra persona, sino a través de la de un demonio. ¿De qué forma intenta un demonio perturbar a los cristianos? ¿Qué trucos utilizaría para debilitar a los creyentes? ¿Trabaja en conjunto con otros demonios? ¿Cómo aprende su oficio un demonio? ¿Cómo será la comunicación entre los demonios cuando desarrollan estrategias?

Lewis se sumergió de forma imaginaria en su mundo, no solamente por treinta días, sino durante seis meses. El resultado fue uno de sus libros más leídos, *Cartas del diablo a su sobrino*. Su libro se ha adaptado a obras de teatro, se ha convertido en un libro de historietas y ha sido leído magistralmente como audiolibro por una leyenda de la comedia británica, John Cleese. Cinco años después de su publicación en 1942, Lewis apareció en la portada de la revista *Time* con un diablo en miniatura sobre su hombro. Cuando le preguntaban qué libro la ayudó a comprender la naturaleza del ser humano, la fallecida jueza de la Suprema Corte, Antonia Scalia, hizo referencia al libro de Lewis. En la actualidad, *Cartas del diablo a su sobrino* es tan relevante para los seguidores de Cristo como cuando fue publicado por primera vez. Si bien las perspectivas de Lewis reflejan su propio pensamiento acerca de los distintos temas, nos impulsan a pensar con creatividad y de manera profunda acerca de las realidades espirituales arraigadas en las tradiciones de la iglesia y en las Escrituras.

Si bien *Cartas del diablo a su sobrino* trata una amplia variedad de temas, ¿cuáles son sus aportes más importantes para las parejas que desean aprender más sobre las formas que utilizan los demonios para tentarlas? Se exploran conceptos importantes como la ley de la ondulación, los peligros de juzgar las intenciones de los demás, la tentación gradual, una visión extremadamente romántica del amor, el egoísmo y el ruido generalizado.

INTRODUCCIÓN A LAS CARTAS DEL DIABLO A SU SOBRINO

Sumamente perturbado por la capacidad que tenía Adolf Hitler para persuadir a otros con su visión siniestra, Lewis se sintió intrigado con la idea de explorar de qué forma similar se disponen los demonios para influenciar y para persuadir. Originalmente denominado *As One Devil to Another* [De un demonio a otro], Lewis desarrolla las cartas personales que un demonio mayor, Escrutopo, le escribe a un diabólico joven aprendiz, Orugario, que está tentando a su primer ser humano, a quien hacen referencia como "el paciente." "La idea," le escribe Lewis a un amigo, "sería desarrollar toda la psicología de la tentación, pero desde el *otro* punto de vista."[111]

Originalmente presentado como una columna semanal de un periódico, los lectores se encontraban encantados de poder tener una perspectiva interna de cómo funciona la tentación. Cada una de las treinta y una cartas comienza con "Mi querido Orugario" y terminan con "Tu cariñoso tío, Escrutopo." Todas excepto la última, que inquietantemente concluye con "Tu creciente y vorazmente cariñoso tío, Escrutopo." Para aquellos que desconocen este diálogo imaginario, tengan en mente que todo está invertido o dado vuelta desde la perspectiva del diablo. Por lo tanto, el "Enemigo" es Dios y "nuestro padre de las profundidades" hace referencia al comandante supremo, Satanás. Como parejas que intentan cultivar matrimonios que honren a Cristo, ¿qué podemos aprender de las astutas observaciones que Escrutopo hace acerca de nosotros y de las áreas a través de las cuales intenta obtener ventaja?

LOS SERES HUMANOS VIVIMOS CÓMODAMENTE CON CREENCIAS CONTRADICTORIAS

Escrutopo le escribe a su joven protegido: "Tu hombre se ha acostumbrado, desde que era un muchacho, a tener dentro de su cabeza, bailoteando juntas, una docena de filosofías incompatibles."[112] Específicamente, Escrutopo se refiere a la incómoda relación que muchos tienen dentro de la iglesia con respecto a Satanás. Por un lado, bailoteando dentro de nuestra cabeza se encuentra la creencia de que la Biblia frecuentemente hace referencia a la guerra espiritual. Sin embargo, también tenemos la creencia de que enfocarnos en el diablo no vale nuestro tiempo. ¿Cómo podemos creer que Jesús tomó seriamente a Satanás, y, sin embargo, nosotros como sus seguidores, no seguimos su ejemplo? Escrutopo explica que reemplazamos la idea de juzgar nuestras creencias como correctas o incorrectas por los cuestionamientos de si nuestras creencias son prácticas, obsoletas o contemporáneas. La realidad es que muchos de nosotros consideramos la idea de tomar en serio la batalla espiritual como algo anticuado y, si somos honestos, como algo vergonzoso. No somos los únicos.

La futura generación de cristianos también se muestra recelosa de tomar en serio la guerra espiritual. Cuando les pido a mis alumnos que expliquen sus dudas, recibo respuestas como las siguientes:

- Creo que hablar de "Satanás" o del "diablo" son como palabras que están de moda para una persona que está mal de la cabeza.
- Puede que no se hable mucho de la batalla espiritual porque no queremos reconocerla como una realidad.
- Creo que evito el tema porque hablar sobre él haría que parezca real. Y si es real, entonces tengo muchas preguntas.
- Curiosamente, la guerra espiritual se ha normalizado en la cultura a través de las películas de terror, mientras que ha sido negada en la iglesia. Estoy seguro de que mi pastor nunca predicó sobre ella.
- Mi pastor dice que si tengo a Dios en mi corazón no necesito preocuparme acerca de los demonios y del ataque espiritual. ¿Es cierto?

- Honestamente, no puedo recordar cuándo fue la última vez que tuve una conversación sobre la guerra espiritual con mis amigos.

Tenga en cuenta que Escrutopo no ofrece ningún argumento sobre *porqué* es anticuado o de ignorante creer en un diablo personalizado, tal como lo describen las Escrituras. Escrutopo finaliza su carta con una escalofriante perspectiva de las tácticas de los demonios: "La jerga, no la argumentación, es tu mejor aliado."[113] En lugar de argumentar que creer en el diablo es falso o que no existe evidencia del mismo, simplemente lo categoriza como anticuado. La observación de Escrutopo nos conduce a una pregunta para evaluarnos a nosotros mismos: como pareja, ¿obtenemos nuestras señales de las Escrituras, o de la moda cultural actual?

LA TRANSICIÓN DE LO IDEAL A LO REAL LLEVA TRABAJO

Los demonios están desesperados por mantener una verdad fundamental oculta. Escrutopo sostiene: "En cada actividad de la vida," se lleva a cabo una difícil transición, desde "algo con lo que se sueña y a lo que se aspira a un laborioso quehacer."[114] Suelen venir muchas personas a la escuela de artes marciales a la que asisto. Se acercan porque vieron recientemente una película de kung fu en Netflix, presenciaron una pelea de UFC o vieron una película biográfica de Bruce Lee y piensan que sería divertido patearle la cabeza a una persona, o aprender a usar una afilada espada con doble filo. Predeciblemente, la mayoría solo asisten una o dos semanas. ¿Por qué? Pasar de lo que sueñan o aspiran (romper ladrillos con la mano) a tener que cumplir miles de laboriosas horas de práctica es agotador.

Escrutopo menciona específicamente cómo se aplica esta difícil transición al matrimonio. "Ocurre cuando los enamorados ya se han casado y comienzan la verdadera tarea de aprender a vivir juntos."[115] Uno de los principales académicos de relaciones de la actualidad, John Gottman, afirma que la mayoría de las discusiones que ocurren en un matrimonio suceden en los primeros dos años, ya que la pareja se encuentra en una transición del cortejo romántico a la estabilidad matrimonial. Explica que el éxito de un matrimonio depende de la forma en que atraviese tres fases.[116] La fase uno se identifica como la de enamorarse y se evidencia con la fantasía, la obsesión, la atracción sexual y el temor al rechazo. La fase dos requiere que las parejas se tomen el difícil trabajo de construir la confianza. ¿Puedo contar contigo? ¿Estarás en los momentos de dificultades? ¿Solo te preocupan tus intereses? La fase tres implica establecer un compromiso y lealtad, y se evidencia en la forma en que la pareja valora al otro en la *métrica de equidad*. Esta métrica crucial es la forma en que cada cónyuge siente que se distribuye el poder en el matrimonio. ¿Tengo voz y voto en la dirección de nuestro matrimonio? ¿Mis opiniones son escuchadas? ¿Mi visión para el matrimonio es considerada de la misma manera que la del otro?

Una táctica clave de Escrutopo es provocar que las parejas cristianas esperen sentir toda la emoción y la pasión de la fase uno de la misma forma en las demás fases. A través de los poetas y de los novelistas, los demonios han logrado convencer "a los humanos de que una curiosa, y generalmente efímera, experiencia que ellos llaman "estar enamorados" es la única base respetable para el matrimonio; de que el matrimonio puede, y debe, hacer permanente este entusiasmo." [117] Cuando era soltero, nunca olvidaré cuando por primera vez escuché a un amigo casado decir: "Hermano, el matrimonio lleva trabajo."

"¿Qué ocurrió con el sexo apasionado? ¿O con el loco amor que demostraban cuando estaban saliendo? ¡Eran inseparables!," le respondí.

"Todavía lo somos," respondió. "Solo que el matrimonio no siempre experimenta ese nivel de romanticismo. Por momentos," hizo una pausa, "es simplemente, bueno, hacer el esfuerzo, aunque no lo sientas."

Ahora, habiendo estado casado por más de veintiocho años, comprendo que el matrimonio requiere la intencionalidad que ayuda a las parejas a atravesar la transición de una visión extremadamente romántica del matrimonio al arduo trabajo de lograr que la relación perdure.

En su libro *Renueva tu corazón: sé cómo Cristo*, Dallas Willard sostiene que los cristianos necesitan abordar tres componentes para ayudar a alcanzar cualquier aspiración. Detalla estos componentes con las siglas VIM: Visión, Intención y Medios. Willard explica la sigla VIM considerando el caso de alguien que desea hablar un idioma que no conoce. Ciertamente esta persona no logrará aprender el idioma, a menos que primero tenga alguna idea previa de lo que significaría hablar el idioma en cuestión y de cómo ello afectaría su vida cuando adquiera la habilidad. "A no ser que alguien posea tal visión, o mejor, que la visión posea a tal persona, es bastante probable que lo de aprender el idioma se quede en agua de borrajas."[118]

Esta visión se aplica de igual manera a nuestros matrimonios. ¿Cuál es la visión para su matrimonio? En el capítulo dos, tomando el ejemplo de Union Rescue Mission, consideramos la forma en que los cristianos casados deberían buscar establecer fuentes del reino en su vecindario. Es decir, ejemplificarles a los demás cómo es una relación en la que se viven las virtudes del reino. Sin embargo, se necesita más que simplemente una visión.

Imagine a una persona que desea aprender un idioma sentado, esperando a ver si obtiene esa habilidad de alguna manera. Willard destaca rápidamente que la visión sin la intención es absurda. "Hemos de proponernos el cumplimiento de lo que hemos entendido como deseable (visión) para que ello pueda hacerse realidad. Es decir, hemos de iniciar, poner en marcha aquellos factores que harán que la visión se convierta en algo real."[119] La forma en que una persona posee la intención de hacer realidad una visión, necesariamente incluirá *medios* prácticos. Imagine por un momento que está aprendiendo a hablar árabe. Willard afirma que "te matricularás a cursos de idiomas, escucharás grabaciones, te comprarás libros, te relacionarás con personas que hablan árabe, te sumergirás en esa cultura, posiblemente pasarás periodos intensivos en Jordania o Marruecos y practicarás, practicarás, practicarás."[120] Entonces, de igual manera, una pareja que desea ser ejemplo de la vida del reino también debe tener los medios, tales como leer libros acerca del matrimonio, juntarse con parejas que tengan la misma mentalidad, incorporar tiempos de devocional espiritual, y practicar, practicar, practicar. El objetivo de Escrutopo es que las parejas tengan una visión extremadamente romántica del amor y del matrimonio, y que luego se desilusionen terriblemente por el laborioso y *no* romántico trabajo que conlleva avanzar como pareja en el largo plazo.

INVESTIGUEMOS CON MAYOR PROFUNDIDAD

¿De dónde obtuvieron los guionistas de Hollywood y los tentadores como Escrutopo la idea de que el amor romántico puede llenarnos completamente? A mediados del siglo dieciocho, los poetas, los artistas y los filósofos insertaron la cosmovisión del Romanticismo, que todavía conduce las nociones modernas del amor. En parte, los principios clave son (1) el amor apasionado es la medida más clara del amor; (2) los sentimientos consumidores y tóxicos del amor de la juventud pueden perdurar toda la vida; (3) el compañero adecuado puede completarnos totalmente y disipar toda la soledad; (4) el amor puede superar las diferencias sociales, económicas y religiosas; (5) elegir a un compañero de vida debería hacerse mediante los sentimientos, y no por las consideraciones prácticas. ¿Le suena familiar?

JUZGAR LAS INTENCIONES DE LOS DEMÁS CAUSA PROBLEMAS

"Es frecuente que, cuando dos seres humanos han convivido durante muchos años, cada uno tenga tonos de voz o gestos que al otro le resulten insufriblemente irritantes."[121] Con el transcurso del tiempo, el cónyuge se convence de que posee la habilidad de leer de forma infalible las intenciones de su compañero. Solo por sus acciones, sabemos las intenciones de nuestro cónyuge. *Se fue a dormir temprano porque no le interesa tener sexo. Mira su celular cuando le hablo porque le resulto aburrida*. El truco, sostiene Escrutopo, es que la persona que está siendo tentada nunca considere la posibilidad de estar equivocada. Juzgar a los demás con dureza está particularmente asociado al tono de voz. Escrutopo escribe que "en la vida civilizada, el odio familiar suele expresarse diciendo cosas que, sobre el papel, parecen totalmente inofensivas (*las palabras* no son ofensivas), pero en un tono de voz o en un momento en que resultan poco menos que una bofetada."[122] Con el tiempo, un cónyuge se convence de que recibió *la mirada* de su esposa, mientras que ella se siente rechazada, no por las palabras, sino por *ese tono* de voz.

¿Cómo pueden las parejas verificar sus interpretaciones negativas? Con el fin de promover las conversaciones productivas, necesitamos verificar el significado que le otorgamos a las acciones de los demás, mediante un proceso que se denomina *verificación de percepción*. Este proceso crucial se compone de tres partes diferentes. La primera, brinde una descripción del comportamiento en cuestión. La segunda, ofrezca dos posibles interpretaciones del comportamiento. La tercera, solicite la clarificación sobre cómo interpretar dicho comportamiento. Por ejemplo, le pregunta a su cónyuge si desea ir a caminar, y su respuesta es: "Sí, seguro." Inmediatamente se frustra porque está *seguro* de que la corta respuesta es una señal de que su cónyuge no está interesado. Alimentaríamos la estrategia de Escrutopo si dejamos sin verificar nuestra interpretación y permitiríamos que el enojo se construya hacia nuestro cónyuge. Intente lo siguiente: "Tom, tu respuesta no pareciera muy entusiasta. ¿Estás un poco cansado, o simplemente no deseas ir a caminar?" Esto le brinda a Tom la posibilidad de aclarar su respuesta. "Lo siento, estoy un poco cansado, pero igualmente me gustaría ir a caminar." Recuerde, la verificación de la percepción solo funciona si su tono es apropiado y apetecible.

LA VIDA ES UN CICLO DE TRES PASOS HACIA ADELANTE, Y DOS HACIA ATRÁS

Luego de habernos observado por miles de años, Escrutopo comprende un aspecto natural de la vida humana que está dispuesto a mantener en secreto. Denomina a este flujo natural *ondulación*, el cual describe como "el reiterado retorno a un nivel de que repetidamente vuelven a caer, una serie de simas y cimas."[123] En otras palabras, la vida sucede naturalmente en un conjunto de altibajos. Comenzamos un nuevo trabajo con entusiasmo, y luego luchamos periódicamente con olas de inquietud, incluso aunque valoramos el trabajo. Escrutopo provoca a Orugario: "Si hubieses observado a tu paciente cuidadosamente, habrías visto esta ondulación en todos los aspectos de su vida: su interés por su trabajo, su afecto hacia sus amigos, sus apetencias físicas, todo sube y baja."[124]

De forma interesante, el principio de ondulación es igualmente aplicable a nuestra intimidad con Dios. "Antes o después retira, si no de hecho, sí al menos de su experiencia consciente, todos esos apoyos e incentivos." ¿Por qué? "Deja que la criatura se mantenga sobre sus propias piernas, para cumplir, sólo a fuerza de voluntad, deberes que han perdido todo sabor."[125]

Lo mismo aplica al mejor de los matrimonios. Si una pareja ha realizado el arduo trabajo de pasar por las tres fases de Gottman y ha establecido un fundamento sólido de confianza y de compromiso, *igualmente* experimentarán altibajos naturales. Atravesar caídas no significa que haya algo malo con el matrimonio. El principio de ondulación aplica hasta al matrimonio cristiano más maduro. La naturaleza contradictoria de los períodos de escases es que ofrecen tanto un tiempo único para honrar a Dios, como un tiempo óptimo para la tentación demoníaca. Cuando parece que la relación está estancada o repleta de conflictos, los demonios nos tientan rápidamente para pensar que hemos fracasado o que el matrimonio ha llegado a su fin. Muchas parejas se me acercan en las conferencias matrimoniales con un profundo desánimo porque a pesar de que han trabajado diligentemente en su matrimonio, siguen experimentando valles emocionales. Una mujer me comentó: "Odio admitirlo, pero a veces mi matrimonio es insulso. Aprieto los dientes y hago lo mejor que puedo." El error que cometemos con el principio de ondulación es pensar que los períodos áridos son permanentes. Escrutopo le sugiere a Orugario que haga que su paciente crea que la depresión o los momentos difíciles son la nueva normalidad. La falta de entusiasmo que siente hacia Dios o hacia el cónyuge permanecerá.

Desde la perspectiva de Dios, durante los periodos difíciles es cuando más crecemos hacia el tipo de persona que Dios desea que seamos. "De ahí que las oraciones ofrecidas en estado de sequía sean las que más le agradan."[126] A Dios le agrada más cuando decidimos, como pareja, continuar con nuestro matrimonio, incluso cuando la emoción se ha ido temporalmente y cuando el trabajo es duro. "El Enemigo (Dios) describió a la pareja casada como 'una sola carne'. No dijo 'una pareja felizmente casada.'"[127] Nuestra unidad como pareja necesita ser protegida durante los momentos frecuentes de sequía.

Incluso cuando luchamos, Dios "se siente complacido hasta por sus tropezones," comenta afligidamente Escrutopo.[128] Estas observaciones de Lewis (que llegan a nosotros a través de Escrutopo) son profundamente confortantes cuando atravesamos desiertos con mi esposa. A veces, en los momentos de sequía con Dios o con nuestro cónyuge, solo nos queda el deseo de agradar a Dios, aunque continuemos con una renguera. Sin embargo, el solo hecho de que deseemos mantenernos fieles en los momentos de desiertos es algo que le agrada a Dios. El autor cristiano Thomas Merton sostiene cuando se dirige a Dios: "Creo que el deseo de agradarte, de hecho, te agrada."[129] Tal firme obediencia durante los momentos difíciles del matrimonio provoca que los demonios se estremezcan.

LECTOR: ¿Le puedo pedir que me aclare una cosa?

AUTOR: No había oído de usted durante algún tiempo. Me estaba preocupando. ¿Qué necesita aclarar?

LECTOR: Pareciera que está sugiriendo que incluso en los mejores matrimonios cristianos existe una buena cantidad de decepción. ¿Eso es lo que quiere decir? De ser así, aclare por favor.

AUTOR: Lo que estoy describiendo ha sido denominado por los filósofos cristianos como "el argumento del deseo".

LECTOR: ¿El argumento del qué?

AUTOR: Del deseo. Básicamente es la idea de que Dios (como la música del ascensor) nos está susurrando siempre desde el fondo, invitándonos a mirar más allá de nuestros placeres terrenales imperfectos y dirigir nuestra mirada hacia Él. Si bien el amor humano es bueno, hemos sido creados para el perfecto amor de nuestro Padre celestial. Por lo tanto, al amor humano (sin importar cuán puro sea) siempre le faltará algo. Lo mismo sucede con el matrimonio.

LECTOR: Dicho de forma extraña, si no mantengo tan elevadas mis expectativas acerca del amor y del matrimonio, estaré más satisfecho. ¿No es así?

AUTOR: Sí. Cuando ya no espero que mi cónyuge me ame perfectamente (como solo Dios puede hacerlo), puedo estar más satisfecho con el imperfecto amor humano. ¿Puedo continuar?

LECTOR: Por supuesto.

LOS AMIGOS TIENEN UNA GRAN INFLUENCIA EN SU MATRIMONIO

Escrutopo le informa a Orugario que está encantado de saber que su "paciente ha hecho varios nuevos conocidos muy deseables y que parece haber aprovechado este acontecimiento de forma verdaderamente prometedora."[130] Escrutopo describe a estos nuevos amigos como superficialmente intelectuales, culturalmente religiosos y "brillantemente escépticos respecto a todo."[131] Sostiene con aprobación que las antiguas advertencias acerca de cómo los cristianos deben elegir sus amistades, rara vez son objeto de las obras de los autores cristianos modernos. Escrutopo comprende completamente que un matrimonio no se encuentra en una isla. Las relaciones que nos rodean influyen en gran manera en nuestro matrimonio.

"¿Puede el divorcio de un amigo poner en riesgo a su matrimonio?" preguntaron los investigadores de la Universidad de California, en San Diego. La respuesta parece ser un sí rotundo. Si el matrimonio de su amigo se desmorona y termina en divorcio, su probabilidad de divorciarse aumenta un setenta y cinco por ciento. Incluso si un amigo de un amigo finaliza su matrimonio, eso potencia su probabilidad de llegar a un divorcio en una tercera parte. Los científicos sociales denominan este fenómeno como "agrupación de divorcios" y lo comparan con el virus de la gripe que se propaga entre los amigos y la familia. El destacado investigador James H. Fowler observó que "las personas comienzan a prepararse para la idea del divorcio cuando ven a sus amigos, familia o colegas que atraviesan ese proceso. Cuando una persona divorciada le confía sus asuntos a una persona casada, la casada adquiere conocimiento sobre los beneficios y las desventajas del divorcio."[132] De forma interesante, Fowler sostuvo que la mayoría de las personas que fueron observadas prestaron particular atención a los *beneficios* del divorcio (el final de los conflictos cotidianos, mayor libertad, la posibilidad de comenzar de nuevo) en lugar de detenerse en las desventajas o el costo del mismo.

Mi esposa y yo experimentamos la agrupación de divorcios en el equipo juvenil de fútbol de nuestro hijo. Tres familias que habían sido amigos durante toda su vida se sorprendieron cuando una pareja (el entrenador) decidió divorciarse de su esposa. Poco tiempo después, el asistente del entrenador y su esposa se separaron. Un año después, la tercera pareja le puso punto final a su matrimonio. En el periodo de un año, los padres, y los jóvenes e impresionables jugadores fueron testigos de tres divorcios. Escrutopo está en lo cierto, aquellos con los que nos relacionamos poseen el potencial de influenciarnos a nosotros y a nuestras relaciones.

LOS SERES HUMANOS SON EGOÍSTAS POR NATURALEZA

La queja más recurrente de aquellos que asisten a las conferencias matrimoniales en las cuales mi esposa y yo nos desempeñamos como oradores es *mi cónyuge es egoísta*. Esta realidad no debería sorprendernos. El profeta Isaías observó que "cada cual se apartó por su camino" (Is 53:6). A medida que las demandas del matrimonio aumentan (posiblemente comenzar una familia), nos desesperamos por proteger nuestro tiempo. Escrutopo ve aquí una oportunidad para tentarnos. Destaca que las interrupciones de sus colegas, cónyuge o familia enfurecen al paciente porque "considera su tiempo como propiedad suya, y siente que se lo están robando." Escrutopo anima a Orugario a que avive la irrealista idea de que tiene el derecho a hacer lo que quiera con su tiempo. "Déjale tener la sensación de que empieza cada día siendo el legítimo dueño de veinticuatro horas."[133]

El deseo de proteger *mi tiempo* ha sido una lucha que ocurría frecuentemente en mí. Tomé demasiado tarde la decisión de continuar la escuela de posgrado en mi vida, lo que me impulsó a tener que equilibrar el trabajo, la escuela, el matrimonio y una nueva familia. Con el transcurso del tiempo, a medida que las demandas de la escuela aumentaban, comencé a considerar *todo* como un obstáculo que evitaba que realizara las actividades. La dificultad se basaba en que mientras me esforzaba por avanzar en mi posgrado, continuaba hablando en conferencias matrimoniales, donde le pedía a la audiencia que considerara la exhortación de Pablo: "Nada hagáis por contienda o por vanagloria; antes bien con humildad, estimando cada uno a los demás como superiores a él mismo." En caso de que no se haya entendido su punto, Pablo continúa: "no mirando cada uno por lo suyo propio, sino cada cual también por lo de los otros" (Fil 2:3-4). Fíjese que Pablo afirma que es perfectamente razonable enfocarse en "lo suyo propio." Sin embargo, ese enfoque no debería superar "los intereses de los demás." Para ilustrarlo, Pablo apela a la actitud que adoptó Cristo cuando desestimó su propio interés y su propia protección para asegurar nuestra salvación (Fil 2:5-11). Si alguien tenía el derecho de determinar cómo vivir sus días, era el Hijo de Dios. Sin embargo, colocaba el programa del Padre por sobre el de él. "No se haga mi voluntad, sino la tuya," oró durante una noche oscura en el Getsemaní (Lc 22:42). Seguir el ejemplo de Cristo de seguro implicará considerar las necesidades de nuestro cónyuge en medio de la programación de nuestra agenda.

INVESTIGUEMOS CON MAYOR PROFUNDIDAD

¿Por qué no hubo una secuela? La popularidad de la columna semanal de Lewis y finalmente su libro impulsaron a los lectores a pedir que hubiera más cartas del diablo. Lewis simplemente no estaba dispuesto a hacerlo. Colocarse en la perspectiva de Escrutopo significó entrar en un mundo donde cada "rastro de belleza, frescura y genialidad debía ser excluida." Finalmente aceptó una invitación del *Saturday Evening Post*, y la voz de Escrutopo apareció una última vez en la forma de un brindis que se llevó a cabo en la cena anual de la Universidad de Entrenamiento del Tentador para los jóvenes demonios, que ocurrió en las profundidades del infierno. Comienza: "Señor rector, su inminencia, sus desgracias."*

A LOS SERES HUMANOS LES ENCANTA LA DISTRACCIÓN

En una de sus cartas, Escrutopo brinda una perspectiva fascinante de lo que más les molesta a los demonios: el silencio. El objetivo del Padre de las Profundidades es llenar cada centímetro del universo con un ruido generalizado. "Haremos del universo eterno un ruido, al final." ¿Por qué deseamos tanto el ruido? "El ruido que, solo, nos defiende de dudas tontas, de escrúpulos desesperantes y de deseos imposibles." Luego, Escrutopo observa de forma escalofriante: "Ya hemos hecho grandes progresos en este sentido en lo que respecta a la Tierra."[134]

La necesidad del silencio que provoca el estar a solas y la meditación contemplativa puede observarse tanto en las Escrituras, como en la investigación matrimonial. Muchas personas que estudian las disciplinas espirituales sostienen que la práctica de estar a solas es la

* C. S. Lewis, *El diablo propone un brindis* (Madrid: Ediciones Rialp S.A., 2017).

disciplina fundamental. Es la decisión de abstenerse voluntariamente de hablar o de exponernos al ruido o a los estímulos externos, para abrirnos a la introspección guiada por el Espíritu. David declara: "Examíname, oh Dios, y conoce mi corazón; pruébame y conoce mis pensamientos" (Sal 139:23). El pensador cristiano Blaise Pascal comentó que, si pudiera recetar una cosa para esta enferma sociedad, sería que cada uno de nosotros se siente solo en una habitación en tranquila contemplación.[135] El problema es que en el mundo conocedor de la tecnología como el de hoy hemos desarrollado una aversión al silencio. Cuando nos sentamos solos en una habitación, las distracciones tecnológicas son muchísimas. Además de esto, muchos de nosotros simplemente no tenemos idea de cómo incorporar el silencio a nuestras frenéticas agendas.

En nuestro mundo apresurado y saturado de medios de comunicación es difícil pasar un día o una tarde en silencio. Sin embargo, ¿podemos buscar crear espacios de soledad durante el día? En lugar de saltar de la cama para comenzar el ajetreo, tómese unos minutos para pedirle a Dios que dirija sus pensamientos acerca de sus relaciones. Antes de encender la computadora o verificar los mensajes de texto, tómese un minuto o dos para estar en silencio. Apague la radio durante el momento en que se traslada hacia el trabajo o hacia su hogar, y conéctese con la perspectiva de Dios.[136]

Cuando perdemos los momentos de estar a solas, esa no es la única pérdida que le ocasionamos a nuestro ruidoso mundo obsesionado con los medios de comunicación. La investigación matrimonial ha descubierto un tipo de ruido de la comunicación, fomentado por la tecnología, que aparentemente interfiere con la conexión en las relaciones y que se denomina *tecnoferencia*. Los investigadores de la Universidad de Brigham Young acuñaron el término luego de estudiar los efectos negativos que produce la tecnología en las relaciones. En su estudio,

114 mujeres casadas o que conviven con su pareja informaron que los teléfonos, las computadoras y otros dispositivos electrónicos inhibían la intimidad. Las participantes informaron una creciente pérdida de la meditación contemplativa y del sentido de conexión, y altos niveles de conflicto. ¿El principal culpable? La interferencia causada por un celular parece ser particularmente perjudicial y dañina. "Cuando su pareja acude a un teléfono en vez de a usted, se siente igual que si fuera rechazado: *duele*. Sentirse ignorado cuando su pareja está con su teléfono puede resultar tan doloroso como si fuera rechazado."[137]

La clave para eliminar la tecnoferencia es, en parte, gobernar sobre el uso de la tecnología en el matrimonio. Las *normas constitutivas* son creadas por una pareja para identificar qué se considera qué en una relación. ¿Qué se considera como meditación contemplativa o estar atento durante una conversación? ¿Qué se considera como un motivo razonable para verificar el celular en el medio de una conversación? ¿Qué nivel de silencio ambiental se necesita para involucrarse completamente con el otro? En la visión del diablo para nuestro mundo, el ruido llenaría cada rincón de nuestras vidas y de nuestras relaciones. Resistir esta visión demoníaca implicaría crear espacios para estar a solas, sin la tecnoferencia que nos impide escuchar la voz de Dios y la voz de nuestro cónyuge.

APRENDAMOS DE LEWIS

Las creativas observaciones de Lewis nos han ayudado en gran manera a mi esposa y a mí a comprender y a prepararnos para la batalla espiritual en nuestro matrimonio. Las observaciones que hemos considerado previamente nos han desafiado a pensar profundamente acerca de la sutileza de la oposición espiritual. Concuerdo con los autores cristianos Jamin Goggin y Kyle Strobel, quienes afirman que los poderes demoníacos generalmente "trabajan fuera del radar" y son "tan sutiles y están tan arraigados en la estructura de nuestra cultura que ni siquiera reconocemos su presencia."[138] Las siguientes son las observaciones de Lewis que nos han ayudado particularmente como pareja.

A los seres humanos les encanta la distracción. Escrutopo nos explica que el objetivo de Satanás es llenar el universo de un ruido adormecedor que nos distraiga del otro y de Dios. La observadora de la cultura Nancy Sleeth parece sugerir que la tecnoferencia se encuentra generalizada y que está dañando las relaciones. "Las personas me comentan que no podrían vivir sin celulares, internet o el correo electrónico: y son sinceros. Sin embargo, en muchas maneras, estas tecnologías nos conducen a vidas más desconectadas, en lugar de vidas más conectadas."[139] Como pareja, mi esposa y yo nos vemos reflejados en la observación de Sleeth. Para nosotros, el mayor culpable, responsable de crear tecnoferencia, es navegar las redes sociales en la computadora. Lentamente, Noreen y yo nos hicimos el hábito de verificar los correos electrónicos tan pronto como nos levantábamos a la mañana, que, a su vez, nos arrastraba en una contracorriente tecnológica. A la noche, nos sentábamos con nuestras laptops abiertas, mientras intentábamos compartir lo que había sucedido ese día. O al final del día nos relajábamos y mirábamos uno de nuestros programas favoritos con nuestras laptops abiertas, mientras intentábamos realizar ambas cosas al mismo tiempo. Con el transcurso del tiempo, nos comenzamos a preocupar de que la tecnología estaba reduciendo nuestra habilidad de estar completamente presentes con el otro. Lentamente, nuestra comunicación estaba interferida con el ruido generalizado descripto por Escrutopo.

¿Qué debíamos hacer? Para contrarrestar la tecnoferencia decidimos realizar periódicamente un ayuno de tecnología. El ayuno consistía en separar tres días en los cuales dejaríamos de lado la forma de tecnología que más nos distraía. En nuestro caso, era claramente la computadora. A menos que tuviera que ver con el trabajo o que fuese algo *urgente*, resistíamos la urgencia de comenzar el día verificando el correo electrónico o las actualizaciones de las últimas noticias. En la primera parte de la mañana evitábamos la tecnología y discutíamos sobre el día que teníamos por delante. Después del desayuno, éramos libres de revisar el correo electrónico para ver si había algo que necesitara una respuesta inmediata antes de emprender el camino hacia el trabajo. Por la tarde, decidimos ir a caminar o mirar un programa, con las computadoras o los celulares apagados. Este ayuno tecnológico de tres días servía como diagnóstico (cuánto extrañábamos la tecnología) y era útil para desarrollar una disciplina en la cual pudiéramos controlar cuánto consumíamos de los medios de comunicación.

Durante el ayuno consideramos lo que significa la tecnología para nosotros como pareja. ¿Cuáles son los beneficios de la tecnología? ¿De qué formas nos ayuda a estar conectados entre nosotros o con nuestros hijos? Alternativamente, ¿cómo ha contribuido con sentimientos negativos como el aislamiento, la ansiedad o el temor a desaparecer? Cuando sentimos que la tecnoferencia comienza a asomarse, realizamos un ayuno tecnológico. Quitar el ruido tecnológico no solo nos ayuda a conectar en un nivel interpersonal, sino que también nos brinda una perspectiva de cómo el maligno puede estar utilizando el *ruido* para entorpecer nuestra intimidad.

Los amigos influyen en su matrimonio. Es alarmante la observación de Escrutopo de que los autores cristianos modernos rara vez hablan del valor que tiene elegir sabiamente a los amigos. Saber que nuestro matrimonio puede ser puesto en riesgo debido al divorcio de aquellos que se encuentran alrededor nuestro, nos dispone a rodearnos de personas que valoren el matrimonio y que se tomen seriamente la oposición espiritual. Si bien es sensato aprender sobre la agrupación de divorcios, debemos tener en mente una observación crucial. Si bien parece que las acciones de nuestros amigos pueden impactarnos negativamente, lo mismo sucede a la inversa. Relacionarnos con amigos que frecuentemente confirman sus votos matrimoniales, que hablan bien del otro y que buscan centrar su matrimonio en Cristo sin duda ejercerán una influencia positiva en su matrimonio. Así como ninguna pareja cristiana debería aislarse de aquellas que atraviesan una crisis matrimonial, también necesitamos desarrollar un grupo de apoyo compuesto por creyentes con la misma mentalidad, que posean una visión similar del matrimonio.

¿Qué deberíamos hacer? Cuando Noreen y yo nos mudamos de una punta a la otra para que yo pudiera enseñar en Biola University, nuestra principal prioridad era estar en la búsqueda de parejas que estuvieran interesadas en formar un grupo de matrimonios. Una de las estrategias preferidas del maligno es aislar a las parejas e incitarlas a pensar que las luchas matrimoniales o de crianza que atraviesan solo les ocurren a ellos. Escuchar que otra pareja lucha con el mismo problema que usted es liberador y afirma su vínculo matrimonial. Como nos recuerda el antiguo escritor, las personas que están aisladas pueden ser vencidas, pero "cordón de tres dobleces no se rompe pronto" (Ec 4:12).

Los seres humanos son egoístas por naturaleza. Como cristianos, somos empujados para ir en dos direcciones. Nuestra naturaleza egoísta nos tienta a fijarnos y a proteger nuestras propias necesidades, mientras que las Escrituras nos indican que debemos darles preferencia a las necesidades de los demás (Fil 2:3-4). Como ya hemos considerado, seguir a Cristo implica poner continuamente las necesidades de nuestro cónyuge por sobre nuestros deseos o gustos. El empuje hacia el egoísmo o hacia la abnegación se siente más perfectamente en el área de la intimidad sexual. Sin duda los diabólicos tentadores se deleitan en utilizar el sexo como un medio para promover el dolor, el egoísmo y la decepción. Las siguientes son algunas de las maneras en que he visto que las parejas luchan con la forma más íntima de conexión humana.

Primero, las diferencias físicas dan lugar al posible egocentrismo. Aproximadamente, los hombres necesitan solo dos o tres minutos de estimulación para alcanzar el orgasmo, mientras que las mujeres "generalmente necesitan diez veces esa cantidad de tiempo."[140] Las diferencias no terminan aquí. La mayoría de los hombres fácilmente alcanzan el orgasmo durante el coito, mientras que la mayoría de las mujeres no pueden alcanzarlo sin estimular directa y prolongada del clítoris. Durante el orgasmo del hombre, su cuerpo libera una hormona llamada oxitocina, que le produce ganas de dormir después del sexo.[141] ¿Puede darse cuenta dónde puede aparecer el egoísmo? Luego de tener intimidad, un hombre alcanza rápidamente el orgasmo y luego desea dormir. Por otro lado, su esposa necesita mucho más tiempo para alcanzar el placer. En realidad, en promedio necesita quince minutos más de tiempo y de atención.

¿Cómo respondería un esposo a esta diferencia fisiológica? No caben dudas de que un tentador como Escrutopo querría utilizar estas diferencias a su favor, lo que resultaría en un esposo (lleno de oxitocina) que se impacienta cada vez más con la lenta respuesta de su esposa. ¿Combate su sueño y su cansancio físico para pacientemente amar a su esposa o simplemente le da un beso en la frente y se va a dormir? Sorprendentemente, la intimidad sexual puede convertirse en tierra fértil para desarrollar la disciplina del egoísmo. Mantenga la comunicación abierta. Tómese el tiempo para entender las diferencias físicas que causan que los hombres y las mujeres respondan de diferentes formas a la estimulación sexual: respuestas que generalmente se encuentran fuera de su control.

En los hombres, una respuesta física clave de haber alcanzado el orgasmo es el cansancio físico mediante la liberación de hormonas en su cuerpo. En las mujeres, el retraso de un orgasmo es frustrante y generalmente provoca que se abstenga del mismo, o que pretenda que sucede, para no frustrar a su cónyuge. La empatía es la habilidad de ver el mundo como alguien más. Conversar abiertamente sobre las diferencias sexuales no solo puede generar una comprensión entre los cónyuges, sino que también puede brindar protección contra la tentación de ser egoísta.

Segundo, cuando se comienza un matrimonio, las parejas generalmente creen que el sexo ocurrirá naturalmente. Cuando Noreen y yo realizamos consejería pre matrimonial con las parejas, descartamos la idea de que cuando dos cristianos se casen el sexo será algo natural y será inmediatamente placentero. Nuestra experiencia con las parejas nos dice que el sexo es generalmente confuso. Una pareja joven, que había establecido firmes límites sexuales durante el noviazgo, pareció desanimarse cuando les preguntamos cómo iba su vida sexual en nuestro encuentro de los seis meses luego de la boda. "¿Puedo ser honesta?," preguntó la esposa. "El sexo no es como lo había pensado. Ha sido mayormente frustrante." Explicaron que descubrir lo que es, o no es, placentero había causado fricción entre ellos. Él explicó que les resultaba incómodo hablar sobre sexo, entonces en su mayoría había sido prueba y error, seguido de sentimientos de insuficiencia. Confesó: "Lo último que quiero es hacerle sentir a mi esposa que estoy juzgando sus habilidades para las relaciones sexuales."

¿Qué deberíamos hacer? Compartimos con esta pareja que podía ser bueno crear un plan de acción sexual para cada uno. Un plan de acción sexual es una idea que se nos ocurrió años atrás. De forma separada, la pareja escribe en detalle la forma en que les gustaría que se llevara a cabo una noche de sexo, paso por paso. El plan de acción puede comenzar con un masaje en la espalda, seguido de un abrazo, delicados besos, y así sucesivamente. El plan provee información crucial sobre lo que *es* y lo que *no es* placentero. Solo funciona si cada sugerencia puede ser discutida honestamente, y quizás descartada o modificada. Para muchas parejas, escribir lo que les resulta placentero o deseable y que el cónyuge lo lea, le resta un poco de incomodidad.

Al conversar acerca del plan de acción, una pregunta común para los cristianos es, ¿qué formas del sexo se encuentran fuera de los límites? Nuestra respuesta general es que deben utilizarse varios criterios. Primero, ¿esa forma de intimidad sexual es considerada placentera para *ambos*? Es crucial que el cónyuge sienta la libertad para rechazar cualquier forma de intimidad sexual que lo haga sentirse incómodo. Segundo, en ningún momento el cónyuge debería sentirse presionado a realizar una forma particular de intimidad sexual. Por último, el acto propuesto debe ser *seguro*. Antes de que se sugiera o se intente cualquier acto sexual, debe investigarse sobre los posibles riesgos a la salud. Debe descartarse cualquier forma de intimidad sexual que pueda ser peligrosa o degradante.

La última carta de Escrutopo está llena de resignación y de ira acumulada, ya que el paciente no solo se ha convertido en cristiano, sino que ha muerto y ahora se encuentra en la amorosa presencia del enemigo (Dios). Ya que se encuentra en medio de tal gracia y aceptación, ya no es posible tentarlo. En ese momento, el paciente "lo" vio y "aquella música en el centro de cada pura experiencia que siempre se había escapado de su memoria era ahora por fin recobrada."[142] En ese encuentro final, como un viajero que se quita sus ropas viejas, finalmente el paciente se encontraba en la presencia de Dios y más allá de *toda* tentación.

PARA CONTINUAR LA CONVERSACIÓN

1. Dallas Willard explica que para que ocurra un cambio debemos tener visión, intención y medios. ¿Cuál es la *visión* general para su matrimonio? ¿Cuán comprometido se encuentra para

hacer realidad dicha visión (intención)? ¿Qué medios (leer libros, comenzar un grupo de matrimonios, asistir a conferencias matrimoniales, consejería matrimonial) lo ayudarán a alcanzar esa visión?

2. ¿Con cuánta frecuenta verifica sus percepciones con su cónyuge? ¿Con cuánta regularidad considera dos o más interpretaciones de las acciones de su cónyuge? ¿O simplemente se queda con un juicio negativo?
3. A la luz de la agrupación de divorcios, realice una lista de aquellas parejas que si llegan a terminar su relación producirían un profundo impacto en usted. ¿Qué es lo que admira de sus matrimonios? Si una pareja que usted admira estuviera atravesando profundas luchas, ¿qué pasos tomaría para ayudarla?
4. ¿Qué formas de tecnoferencia interfieren continuamente con su habilidad de conectar como pareja? ¿Existe una forma de tecnología en la que participe su cónyuge que lo hace sentir particularmente rechazo o ignorado

CONCLUSIÓN

Han pasado tan solo nueve minutos desde que comenzó el juego y ya estoy sintiendo una gran la tensión.

La Unión Soviética ha anotado y el novato equipo de hockey de los Estados Unidos se está preparando para la embestida de goles que seguramente vendrá enseguida. El temor de los jugadores norteamericanos está justificado a la luz de su reciente encuentro con el gigante soviético. Dos semanas antes de que comenzaran los Juegos Olímpicos de invierno del año 1980 que se llevaron a cabo en Lake Placid, Nueva York, los dos equipos se disputaron en un juego de demostración en Madison Square Garden. Los Soviéticos (defensores de medallas de oro compuestos por profesionales experimentados) aplastaron al joven e inexperto equipo norteamericano 10-3. Ahora, con la rápida anotación en la revancha olímpica, parece una masacre segura. Me muevo incómodamente en mi silla frente a la televisión.

Junto con mi esposa, estamos viendo nuevamente mi película deportiva favorita, *El milagro* (2004), que vuelve a narrar uno de los juegos de hockey más conocidos que se hayan jugado, hoy conocido como "el milagro sobre hielo." Asombrosamente, al final del primer tiempo, el equipo de Estados Unidos de alguna manera ha logrado resistir la primera tormenta, y el juego se encuentra en un empate de 2-2. Mi corazón da un vuelco nuevamente cuando los Soviéticos anotan rápidamente al comienzo del segundo tiempo. En este momento de la película mi esposa siempre toma mi mano. "Recuerda, ganamos," me afirma con una sonrisa.

En una de las mayores derrotas deportivas sorpresivas de la historia, el equipo de Estados Unidos gana los Juegos Olímpicos contra la Unión Soviética por 4-3. El juego concluye con el famoso grito del conductor de ABC, Al Michaels: "¿Creen en los milagros?" Los estadounidenses creen y el equipo americano sale a ganar el oro.

Las palabras de mi esposa sirven como un recordatorio tan necesario para las parejas cristianas mientras experimentamos los altibajos de la batalla espiritual. A medida que buscamos vivir las convicciones bíblicas como pareja, habrá momentos en que parezca que las fuerzas demoníacas obtienen lo mejor de nosotros. Habrá días, incluso quizás largos periodos del matrimonio, en que parezca que le hemos dado lugar al diablo para que se arraigue: amarguras, conflictos sin resolver, no creer lo mejor de nuestro cónyuge, falta de perdón, desesperación. De forma similar, Satanás está a punto de obtener la victoria en nuestras relaciones. En estos momentos, debemos recordar lo que establecen las Escrituras en cuanto al resultado de nuestra lucha.

Si bien el tema de la muerte final de Satanás es complejo y no puede describirse completamente aquí, un aspecto es muy claro: con el regreso final de Cristo sus enemigos serán despojados del poder. Pablo afirma confiadamente que cuando Cristo venga destruirá *toda* oposición demoníaca, lo que causará que sus enemigos sean puestos "debajo de sus pies" (1 Co 15:24-25). Clint Arnold sostiene que, desde la perspectiva de Pablo, Satanás y su reinado de terror "enfrentan un punto definitivo en la historia cuando su tiranía esté terminada." Sin embargo, en la actualidad funcionan como una jauría de perros salvajes con una correa larga. "Cuando Cristo regrese, acortará la correa a tal punto que no podrán causar ningún daño o infundir ninguna clase de temor. Serán completamente aplacados."[143]

Mientras tanto, ¿cómo deberíamos responder las parejas cristianas? ¿Deberíamos acomodarnos y soportar la tormenta demoníaca hasta que Jesús regrese? ¿O deberíamos hacer lo necesario para reclamar el terreno que mantiene el enemigo? Se nos ha otorgado el privilegio de ofrecer libertad a aquellos cuyas vidas han sido profundamente lastimadas y marcadas por una cultura moldeada por las fuerzas de las tinieblas. Si rechazamos la idea de que nuestros matrimonios simplemente se encuentran a la espera hasta el regreso de Jesús, o que son un medio para asegurarnos una clase de sueño americano, entonces, ¿cómo deberíamos actuar? ¿Qué pasaría si nos tomáramos en serio la idea de que nuestros matrimonios son un puesto de avanzada del reino de Dios? Cada uno de nosotros (como individuos y como pareja) somos embajadores de Cristo, a través de los cuales Dios atrae a un mundo desesperado por el toque del amor divino (2 Co 5:20). Si aceptamos este llamado, ¿no deberíamos asumir que el maligno es poderoso y que está trabajando en el presente para descarrilarnos?

Ciertamente no todas las luchas espirituales son provocadas por demonios, sin embargo, ¿no es sabio asumir que el maligno está probando nuestras defensas y que busca establecerse en nuestras vidas? ¿La Biblia sugiere que ignoremos la amenaza, o que seamos conscientes de la realidad de que existe un ser espiritual que está atacando a nuestro matrimonio? Podemos estar seguros de que los próximos días se llenarán de un sabio discernimiento de si estamos siendo el blanco de un ataque espiritual, adornándonos con la protección espiritual, elaborando oraciones de guerra espiritual y reclamando nuestra autoridad delegada por Cristo. La oposición espiritual no comenzó porque usted haya leído un libro acerca de eso. Por el contrario, ha estado sucediendo alrededor nuestro desde la primera tentación en el entorno de un jardín. Ahora que somos conscientes de la lucha, es tiempo de permanecer firmes y de responder como pareja.

Podemos estar seguros de que utilizar las armas y las estrategias bíblicas nos asegurarán victorias constantes, y ayudarán a que nuestros matrimonios crezcan e incluso florezcan. Por otro lado, existirán momentos de ansiedad en los cuales el ataque espiritual parecerá imparable. En esos momentos, alcance la mano de su cónyuge y dígale: "Recuerda, ganamos."

RECONOCIMIENTOS

Escribir un libro es siempre un esfuerzo de colaboración que, al completarse, requiere muchas notas de agradecimiento.

Al Su, a lo largo de los años, ha sido un editor asombrosamente perspicaz y atento; este libro se vio beneficiado inmensamente gracias a sus sugerencias y orientación. Gracias.

Clint Arnold, eres uno de los eruditos más intuitivos y generosos que he tenido el placer de conocer. Recuerdo con mucho cariño nuestras numerosas reuniones de café en las que respondiste pacientemente a mis preguntas sobre la batalla espiritual. Tu perspicacia y tus huellas digitales se encuentran en este libro. Tengo la suerte de tenerte como colega.

Le doy las gracias a nuestro grupo de matrimonios: Jon y Pam, Rick y Shari, Doug y Deb, Dave y Debbie, Greg y Jeannie, Chris y Alisa, por su comprensión y aliento. Doug Huffman, estoy especialmente en deuda con tu amistad y tu toque académico y editorial.

Un reconocimiento especial a Kay Vinci por leer con entusiasmo e incansablemente los primeros borradores del libro y por darme su opinión.

Muchos de estos capítulos se escribieron o describieron durante un mes, compartiendo los recintos de estudio y los recursos con los becarios de Tyndale House en Cambridge, Inglaterra. Gracias por las conversaciones animadas y los descansos oportunos para el té.

Dennis Rainey, te agradezco mucho que me hayas permitido formar parte del equipo de oradores de FamilyLife durante todos estos años y formular gradualmente mis pensamientos sobre el matrimonio y la batalla espiritual. Eres tan generoso al compartir tu plataforma con otros.

Bill, durante la mayor parte de mi vida, me proporcionaste risas, amistad y comprensión, incluso en este manuscrito.

Por último, gracias a mi esposa, Noreen, quien durante más de veintiocho años ha atravesado muchas batallas espirituales conmigo, gracias por marchar hacia adelante hombro con hombro.

NOTAS

INTRODUCCIÓN

1. Clinton Arnold, *Powers of Darkness: Principalities and Powers in Paul's Letters* [Los poderes de las tinieblas: los principados y los poderes en las cartas de Pablo] (Downers Grove, IL: InterVarsity Press, 1992), 148.
2. Clinton Arnold, *Powers of Darkness: Principalities and Powers in Paul's Letters* [Los poderes de las tinieblas: los principados y los poderes en las cartas de Pablo] (Downers Grove, IL: InterVarsity Press, 1992), 16.
3. C. S. Lewis, *Cartas del diablo a su sobrino*, trad. Miguel Marías (España, Rayo de HarperCollins, 2006), ix.

1. EL PRIMER PASO

4. Kenneth Boa, *Conformados a su imagen: un acercamiento bíblico y práctico para la formación espiritual* (Miami: Editorial Vida, 2006), 567.
5. Para más información acerca de cómo se aproxima la comunidad cristiana global al tema de la batalla espiritual véase Mary Anne Voelkel y Jack Voelkel, *Spiritual Warfare in Mission* [La guerra espiritual en la misión] (Downers Grove, IL: InterVarsity Press, 2012).
6. Rudolf Bultmann, *New Testament and Mythology, and Other Basic Writings* [Nuevo Testamento y mitología, y otros escritos básicos], ed. y trand. Schubert M. Ogden (Filadelfia: Fortress, 1984), 4.
7. Hans Küng, *Ser cristiano* (Madrid: Ediciones Cristiandad, 1975),674.
8. Howard Munro, "Are Demons Real?" [¿Los demonios son reales?], *St. Marks Review 145* [Revisión de San Marcos no. 145] (Otoño 1991): 38.
9. Helmut Thielike, *The Prayer that Spans the World: Sermons on the Lord`s Prayer* [La oración que cruza el mundo: sermones sobre la oración del Señor] (Londres: James Clarke, 1965), 160.

10. Paul Enns, *The Moody Handbook of Theology* [El manual de teología de Moody], (Chicago: Moody Press, 1989), 292.
11. Paul Enns, *The Moody Handbook of Theology* [El manual de teología de Moody], (Chicago: Moody Press, 1989), 292.
12. Millard J. Erickson, *Teología Sistemática*, 2da. ed., trad. Beatriz Fernández (Barcelona: Editorial Clie, 2008), 470.
13. Expositores judíos, como los padres de la iglesia primitiva, han asumido tradicionalmente que ambos pasajes se referían a Satanás. El teólogo Wayne Grudem, quien comparte esta visión, aclara que "no sería extraño que los discursos proféticos hebreos pasen de describir eventos humanos, a describir eventos celestiales que son paralelos y que los eventos terrenales los representan de forma limitada" (Wayne Grudem, *Teología Sistemática: una introducción a la doctrina bíblica* [Miami, FL: Editorial Vida, 2007]). Si bien esta es un punto de vista tradicional, otros han ofrecido perspectivas alternativas acerca de la caída de Satanás. Por ejemplo, véase B.J. Oropeza, *99 Answers to Questions About Angels, Demons and Spiritual Warfare* [99 respuestas a preguntas sobre ángeles, demonios y guerra espiritual] (Downers Grove, IL: InterVarsity Press, 1997), 70-88.
14. Enns, *The Moody Handbook of Theology* [El manual de teología de Moody], (Chicago: Moody Press, 1989), 294.
15. Merrill F. Unger, *Demons in the World Today* [Los demonios en el mundo de hoy] (Wheaton, IL: Tyndale House, 1971), 16.
16. El sugestivo asunto de las posibles posesiones demoníacas de un seguidor de Cristo es abordado en los próximos capítulos.
17. La idea de incorporar a un lector imaginario fue inspirada por los escritos creativos del filósofo cristiano Peter Kreeft. La imiatación, según dicen, es la mejor forma de adulación.
18. John Ortberg, "Fighting the Good Fight: What Does the Bible Mean by 'Spiritual Warfare'?" [Pelear la buena batalla: ¿Qué quiere decir la Biblia cuando hace referencia a la 'Guerra Espiritual'?], *Leadership Journal*, primavera de 2012, 25.

2. ¿POR QUÉ LE INTERESA MI MATRIMONIO A SATANÁS?

19. Gerald H. Wilson, *Psalms* [Salmos], Comentarios de aplicación de NVI (Grand Rapids: Zondervan, 2002), 1:205.
20. Algunos teólogos argumentan que esta frase hebrea puede interpretarse como "un poco mayor a los ángeles." De ser así, imagínese cuánto más irritado estaría Satanás al saber que era inferior a los seres humanos.

21. C. S. Lewis, *Cartas del diablo a su sobrino*, trad. Miguel Marías (España: HarperCollins, 1977), 142.
22. C. S. Lewis, *Cartas del diablo a su sobrino*, trad. Miguel Marías (España: HarperCollins, 1977), 208.
23. Clint Arnold, *Powers of Darkness: Principalities and Powers in Paul's Letters* [Los poderes de las tinieblas: los principados y los poderes en las cartas de Pablo] (Downers Grove, IL: InterVarsity Press, 1992), 81.
24. Richard Lints, *The Fabric of Theology: A Prolegomenon to Evangelical Theology* [La fábrica de la teología: un prolegómeno de la teología evangélica] (Grand Rapids: Eerdmans, 1993), 104.
25. Bob Larkin, "What Escorts Can Teach a Married Man," [Lo que una acompañante puede enseñarle a un hombre casado], *Men's Health*, noviembre de 2016, 99.
26. David Popenoe, "Can the Nuclear Family Be Revived?," [¿Puede revivir la familia núclear?] *Society* [Sociedad], julio–Agosto de 1999, www.csub.edu/~rdugan2/can%20the%20nuclear%20family%20be%20revived.pdf.
27. Clifford Nass, citado en Drake Baer, "What Multitasking Does to Your Brain," [Lo que las multitareas le provocan a su mente], *Leadership Now*, 9 de octubre, 2013, www.fastcompany.com/3019659/what-multitasking-does-to-your-brain.
28. Clifford Nass, citado en Drake Baer, "What Multitasking Does to Your Brain," [Lo que las multitareas le provocan a su mente], *Leadership Now*, 9 de octubre, 2013, www.fastcompany.com/3019659/what-multitasking-does-to-your-brain.
29. Guy Winch, "10 Real Risks of Multitasking, to Mind and Body," [10 riesgos reales que la multitarea causa a la mente y al cuerpo] *Psychology Today*, 22 de junio, 2016, www.psychologytoday.com/blog/the-squeaky-wheel/201606/10-real-risks-multitasking-mind-and-body.
30. Aaron Smith y Monica Anderson, "5 Facts About Online Dating," [5 realidades sobre las citas virtuales] Pew Research Center, 20 de febrero, 2016, www.pewresearch.org/fact-tank/2016/02/29/5-facts-about-online-dating.
31. Eben Harrell, "Are Romantic Movies Bad for You?," [¿Son las películas románticas malas para usted?] *Time*, 23 de diciembre, 2008, http:// content.time.com/time/health/article/0,8599,1868389,00.html.
32. "At Night on Skid Row, Nearly 2,000 Homeless People Share Just Nine Toilets," [Durante la noche en Skid Row, cerca de 2.000 personas sin hogar comparten solamente nueve baños] *Guardian*, junio de 2017, www.theguardian.com/us-news/2017/jun/30/la-skid-row-homeless-toilet-access-report.
33. Tim Muehlhoff y Rick Langer, *Winsome Persuasion: Christian Influence in a Post- Christian World* [Encantadora persuación: la influencia cristiana en un mundo post-cristiano] (Downers Grove, IL: IVP Academic, 2017), 46.
34. Walter Brueggemann, *Sabbath as Resistance: Saying No to the Culture of Now*

[El sábado como resistencia: dígale no a la cultura de hoy] (Louisville, KY: Westminster John Knox Press, 2014), 85.

35. Augustine, *Confessions* [Confesiones], libro I, cap. 1, trand. al inglés por Rex Warner (Nueva York: Mentor, 1963), p. 4.
36. A. Skevington Wood, "Ephesians," [Efesios] en *The Expositor's Bible Commentary* [Comentario bíblico del expositor], ed. Frank E. Gaebelein (Grand Rapids: Zondervan, 1978), 76.
37. Para aprender más acerca de lo que los puritanos pueden enseñarnos, véase el libro de Joanne *Godly Conversation: Rediscovering the Puritan Practice of Conference* [Conversaciones divinas: redescubramos la práctica puritana de la conferencia], (Grand Rapids: Reformation Heritage Books, 2011).
38. Clint Arnold, *Powers of Darkness: Principalities and Powers in Paul's Letters* [Los poderes de las tinieblas: los principados y los poderes en las cartas de Pablo] (Downers Grove, IL: InterVarsity Press, 1992), 148.

3. ¿CÓMO ME DOY CUENTA SI ESTOY ATRAVEZANDO UNA LUCHA ESPIRITUAL?

39. "State Office Takes over Penn State Fraternity Death Case," [La oficina estatal se encarga del caso de muerte ocurrido en la fraternidad del estado de Penn] NBC10, 8 de enero, 2018, www.nbcphiladelphia.com/ news/local/Penn-State-Fraternity-Death-State-Office-Takeover-Student-Hazing-468367763.html.
40. Clint Arnold, *Powers of Darkness: Principalities and Powers in Paul's Letters* [Los poderes de las tinieblas: los principados y las potestades en las cartas de Pablo] (Downers Grove, IL: InterVarsity Press, 1992), 128.
41. Clint Arnold, *Powers of Darkness: Principalities and Powers in Paul's Letters [Los poderes de las tinieblas: los principados y las potestades en las cartas de Pablo]* (Downers Grove, IL: InterVarsity Press, 1992), 129.
42. Keith Ferdinando, *The Message of Spiritual Warfare* [El mensaje sobre la guerra espiritual] (Downers Grove, IL: InterVarsity Press, 2016), 194.
43. Kenneth Boa, *Conformados a su imagen: un acercamiento vivo y práctico para la formación espiritual* (Miami, FL: Editorial Vida, 2006), 561.
44. Clint Arnold, correspondencia personal con el autor, 20 de febrero, 2017.
45. Martin Luther, *Table Talk* 4 [Charla de sobremesa 4], 5097, citado por Louis Coulange, *The Life of the Devil* [La vida del diablo] (Londres: Alfred A. Knopf, 1929), 147-48.
46. Los antiguos filósofos identifican el enojo como la "emoción moral," ya que generalmente nos impulsa a abordar injusticias o a involucrarnos en la pacificación.

47. Si bien la violencia conyugal puede ocurrirle a los hombres, la mayoría está dirigida hacia las mujeres. Véase Julia Wood, *Gendered Lives: Communication, Gender, and Culture* [Vidas según su género: la comunicación, el género y la cultura], 10ma ed. (Boston: Wadsworth, 2012).
48. Curt Thompson, *The Soul of Shame: Retelling the Stories We Believe About Ourselves* [El alma de la vergüenza: volviendo a contar las historias que creemos sobre nosotros mismos], (Downers Grove, IL: InterVarsity Press, 2015), 63.
49. Curt Thompson, *The Soul of Shame: Retelling the Stories We Believe About Ourselves* [El alma de la vergüenza: volviendo a contar las historias que creemos sobre nosotros mismos], (Downers Grove, IL: InterVarsity Press, 2015), 63.
50. Dietrich Bonhoeffer, *Vida en comunidad* (Salamanca: Ediciones Sígueme, 2003), 107.
51. Mis razonamientos acerca de la complejidad del amor fueron investigadas en primer lugar en Tim Muehlhoff, "Before You Pop the Question: Five Keys to a Love That Lasts" [Antes de hacer la pregunta: cinco claves para un amor duradero], *Discipleship Journal* [Manual del discipulado] 166 (2008): 34-39.
52. Naomi Wolf, "The Porn Myth," [El mito de la pornografía] *New York* [Nueva York], 2017, http://nymag.com/nymetro/news/trends/n_9437.
53. Nancy Tartaglone, "Fifty Shades Freed Collars $97M Overseas," [Cincuenta sombras liberadas obtiene $97 millones en el extranjero] Yahoo Entertainment, 13 de febrero, 2018, www.yahoo.com/entertainment/fifty-shades-freed-collars-98m-181625251.html.
54. Naomi Wolf, "The Porn Myth," [El mito de la pornografía] *New York* [Nueva York], 2017, http:// nymag.com/nymetro/news/trends/n_9437.
55. Clint Arnold sostiene, "Un creyente puede ceder al impulso maligno o a un espíritu demoníaco, y de esta forma le permite ejercer una influencia dominante sobre su mente, su voluntad, sus emociones e incluso sobre su cuerpo. Pero la nueva identidad de la persona como hijo de Dios no puede borrarse o ser robada." Clint Arnold, *Three Crucial Questions About Spiritual Warfare* [Tres preguntas clave sobre la guerra espiritual] (Grand Rapids: Baker Academic,1997), 85.

4. LA SERPIENTE FUE ASTUTA

56. Bevin Alexander, *How Great Generals Win* [La forma en que ganan los grandes generales] (Nueva York: Norton, 1993), 22.
57. J. Oswald Sanders, *Satanás no es mito*, trad. David Cáceres González (Grand Rapids: Editorial Portavoz, 1996), 43.

58. D. G. Kehl, "Sneaky Stimuli and How to Resist Them" [Estímulos ocultos y cómo resistirlos], *Christianity Today* [Cristianismo moderno], 31 de enero, 1975, 30.

59. Derek Kidner, *Genesis: An Introduction and Commentary* [Introducción y comentario de Génesis] (Downers Grove, IL: Inter- Varsity Press, 1967), 66.

60. "The Bible in America: 6-Year Trends" [La Biblia en norteamérica: las tendencias de los últimos 6 años] Barna Research Group, 15 de junio, 2016, www.barna.com/research/the-bible-in-america-6-year-trends.

61. Wendell Berry, "The Peace of Wild Things" [La paz de lo desorganizado] *On Being* (blog), 8 de diciembre, 2016, https://onbeing.org/blog/wendell-berry-the-peace-of-wild-things.

62. Para leer más acerca de este tema, véase John H.Walton, *Genesis*, NIVApplication Commentary [Comentario exegético de la versión NVI del libro de Génesis] (Grand Rapids: Zondervan, 2001),170-72.

63. John H.Walton, *Genesis*, NIVApplication Commentary [Comentario exegético de la versión NVI del libro de Génesis] (Grand Rapids: Zondervan, 2001), 206.

64. Para una mayor comprensión de los conceptos de la comunicación tales como el conflicto latente, las contrademandas y el hundimiento, consulte Julia Wood, *Interpersonal Communication: Everyday Encounters* [La comunicación interpersonal: encuentros cotidianos], 7ma. ed. (Belmont, CA: Wadsworth, 2012).

65. Annalee Newitz, "Why Americans Became Obsessed with Ninjas" [Por qué los norteamericanos se obsesionaron con los ninjas] *io9*, 6 de febrero, 2014, http://io9.gizmodo.com/5982187/why-americans-became-obsessed-with-ninjas.

5. EL CONTRATAQUE EN PAREJA

66. Keith Ferdinando, *The Message of Spiritual Warfare* [El mensaje sobre la guerra espiritual] (Downers Grove, IL: InterVarsity Press, 2016), 249.

67. Kenneth S. Wuest, *Wuest's Word Studies from the Greek New Testament* [El estudio de West sobre los términos griegos del Nuevo Testamento] (Grand Rapids: Eerdmans, 1959), 1:141.

68. Kenneth S. Wuest, *Wuest's Word Studies from the Greek New Testament* [El estudio de West sobre los términos griegos del Nuevo Testamento] (Grand Rapids: Eerdmans, 1959), 1:141.

69. Keith Ferdinando, *The Message of Spiritual Warfare* [El mensaje sobre la guerra espiritual] (Downers Grove, IL: InterVarsity Press, 2016), 252.

70. Keith Ferdinando, *The Message of Spiritual Warfare* [El mensaje sobre la guerra espiritual] (Downers Grove, IL: InterVarsity Press, 2016), 253.

71. En mi escuela, cuando alguien recibe el cinturón negro ya no se utiliza ningún tipo de protección durante la lucha. Sin los protectores no existe el falso sentido de seguridad: si uno erra un golpe, el otro lo golpeará. Eso es todo.
72. Donald S. Whitney, *Disciplinas espirituales para la vida cristiana*, trad. Adriana Powell Traducciones (Tyndale House Publishers, 2016), 26.
73. Clinton E. Arnold, *Efesios: comentario exegético-práctico del Nuevo Testamento* (España, Andamio, 2016), 889.
74. "Umass Amherst Researcher Finds Most People Lie in Everyday Conversations" [Un investigador de Umass Amherst descubre que la mayoría de las personas mienten en las conversaciones cotidianas] Umass-Amherst, 10 de enero, 2002, www.umass.edu/newsoffice/article/umass-amherst-researcher-finds-most-people-lie-everyday-conversation.
75. Jeff Nilsson, "Are Americans Less Truthful Today?" [¿Los norteamericanos son menos honestos en la actualidad?] *Saturday Evening Post*, 1 de diciembre, 2016, www.saturdayeveningpost.com/2016/12/01/history/ post-perspective/convincing-truth-post-truth-politics.html.
76. J. Oswald Sander, *Satanás no es mito* (Grand Rapids, Editorial Portavoz, 1996), 94.
77. Kenneth S. Wuest, *Wuest's Word Studies from the Greek New Testament* [El estudio de West sobre los términos griegos del Nuevo Testamento] (Grand Rapids: Eerdmans, 1959), 143.
78. Tim Muehlhoff, *Marriage Forecasting:Changing the Climate of Your Relationship One Conversation at a Time* [Pronóstico matrimonial: cambiemos el clima de nuestra relación de a una conversación a la vez], (Downers Grove, IL: InterVarsity Press, 2010), 60.
79. Howard Hendricks, correspondencia personal con el autor, 16 de enero, 1998. Si bien lo más probable es que no sean las palabras originales de "Prof" (como sus amigos lo llaman) sus palabras se grabaron en mi mente.
80. Kenneth S. Wuest, *Wuest's Word Studies from the Greek New Testament* [El estudio de West sobre los términos griegos del Nuevo Testamento] (Grand Rapids: Eerdmans, 1959), 41.
81. Aunque nuestra posición con Dios sea firme, nuestras acciones pecaminosas pueden generar consecuencias que nos afecten profundamente a nosotros y a aquellos a quienes amamos. Tal como lo afirma Pablo, totalmente convencido, generalmente segamos lo que cosechamos (Gá 6:7).
82. Estoy en deuda con mi amiga Jane Armstrong por haberme transmitido esta ilustración.
83. Michael Lipka, "Why America's 'Nones' Left Religion Behind" [Por qué los norteamericanos de la categoría "ninguna" han abandonado la religión],

Pew Research Center, 24 de agosto de 2016, www.pewresearch.org/fact-tank/2016/08/24/why-americas-nones-left- religion-behind/.

84. Si bien existen muchos libros esclarecedores que ayudan a los cristianos a abordar las preguntas difíciles en cuanto a la fe, sugiero que comience con J. P. Moreland y Tim Muehlhoff, *The God Conver- sation: Using Illustrations and Stories to Explain Your Faith* [La conversación acerca de Dios: utilice ilustraciones e historias para explicar su fe], exp. ed. (Downers Grove, IL: InterVarsity Press, 2017).

85. Ronald E. Heine, *Commentaries of Origen and Jerome on St. Paul's Epistle to the Ephesians* [Comentarios de Orígenes y Jerónimo sobre la epístola de Pablo a los efesios], (Oxford: Oxford Publications, 2002), 256-65.

86. Jeremy Weber, "80% of Churchgoers Don't Read Bible Daily, Lifeway Survey Suggests" [La encuesta de Lifeway sugiera que el 80% de los que asisten a la iglesia no leen la Biblia diariamente], *Christianity Today*, 7 de septiembre, 2012, www.christianitytoday.com/news/2012/september/80-of-churchgoers-dont-read-bible-daily-lifeway-survey.html.

6. NUESTRA MAYOR DEFENSA: LA ORACIÓN

87. Kenneth Boa, *Conformados a su imagen: un acercamiento vivo y práctico para la formación espiritual* (Miami, FL: Editorial Vida, 2006), 578.

88. Muchos eruditos bíblicos se cuestionan si la frase final "porque tuyo es el reino, y el poder, y la gloria, por todos los siglos" se encontraba en el Nuevo Testamento griego original. Algunos especulan que fue agregada por los líderes de la iglesia primitiva para concluir formalmente la oración. Véase R.T. Kendall, *The Sermon on the Mount: AVerse-by-Verse Look at the Greatest Teachings of Jesus* [El sermón del monte: una mirada versículo por versículo de las mayores enseñanzas de Jesús] (Grand Rapids: Monarch Books, 2011), 263-68.

89. John Stott, *El sermón del monte: contracultura cristiana*, trad. Carmen Pérez de Camargo (Buenos Aires, Ediciones Certeza, 1998), 170.

90. Neil T. Anderson, *Rompiendo las cadenas*, trad. Rev. Pedro Vega (Miami, FL: Unilit, 2001), 149.

91. John Stott, *El sermón del monte: contracultura cristiana*, trad. Carmen Pérez de Camargo (Buenos Aires, Ediciones Certeza, 1998), 168.

92. John Stott, *El sermón del monte: contracultura cristiana*, trad. Carmen Pérez de Camargo (Buenos Aires, Ediciones Certeza, 1998), 168.

93. Kendall, *The Sermon on the Mount: A Verse-by-Verse Look at the Greatest Teachings of Jesus* [El sermón del monte: una mirada versículo por versículo de las mayores enseñanzas de Jesús] (Grand Rapids: Monarch Books, 2011), 227.

94. Michael J. Wilkins, *Comentario bíblico con aplicación NVI Mateo*, trad. Loide Viegas Fernández y Pedro L. Gómez Flores (Nashville, Editorial Vida, 2016), 286.
95. Dallas Willard, *Renueva tu corazón: sé como Cristo*, trad. Pedro L. Gómez Flores (Barcelona, Editorial Clie, 2004), 157.
96. Kendall, *The Sermon on the Mount: AVerse-by-Verse Look at the Greatest Teachings of Jesus* [El sermón del monte: una mirada versículo por versículo de las mayores enseñanzas de Jesús] (Grand Rapids: Monarch Books, 2011), 239.
97. Kendall, *The Sermon on the Mount: AVerse-by-Verse Look at the Greatest Teachings of Jesus* [El sermón del monte: una mirada versículo por versículo de las mayores enseñanzas de Jesús] (Grand Rapids: Monarch Books, 2011), 240.
98. Kendall, *The Sermon on the Mount: AVerse-by-Verse Look at the Greatest Teachings of Jesus* [El sermón del monte: una mirada versículo por versículo de las mayores enseñanzas de Jesús] (Grand Rapids: Monarch Books, 2011), 241.
99. Si bien se debate si Getty utilizó esas palabras exactas, sabemos que era extremadamente protector de su riqueza, hasta tal punto que instaló un teléfono pago en su mansión para que utilizaran los invitados. Finalmente, Getty pagó los $2,2 millones de dólares que demandaban por el rescate (la máxima cantidad de dinero que podía deducirse impositivamente). Para más información acerca de Getty, véase Mike Miller y Nina Biddle, "A Billion-Dollar Heir and a Sliced-Off Ear: The Brutal True Story of J. Paul Getty III's Kidnapping" [Un heredero multimillonario y un pedazo de oreja: la impactante historia verídica del secuestro de J. Paul Getty III], *People*, 25 de diciembre, 2017, http://people.com/movies/true-story-all-money-world-j-paul-getty-iii-kidnapping.
100. Michael J. Wilkins, *Comentario bíblico con aplicación NVI Mateo*, trad. Loide Viegas Fernández y Pedro L. Gómez Flores (Nashville, Editorial Vida, 2016), 288.
101. Este punto de vista es expresado de forma poderosa por Charles Kraft, "Cleaning House: An Interview with Charles Kraft" [Limpiemos la casa: una entrevista con Charlas Kraft] *Leadership Journal*, primavera de 2002, 42.
102. John Ortberg, "Fighting the Good Fight: What Does the Bible Mean by 'Spiritual Warfare?'" [Peleemos la buena batalla: ¿ Qué quiere decir la Biblia cuando hace referencia a la "Guerra Espiritual"?] *Leadership Journal* [Manual de liderazgo], primavera de 2002, 26.
103. Joachim Jeremias, *Teología del Nuevo Testamento: 1. La predicación de Jesús* (Salamanca, Ediciones Sígueme, 1974), 231.
104. Charles H. Kraft, *I Give You Authority: Practicing the Authority Jesus Gave Us* [Les doy autoridad: practiquemos la autoridad otorgada por Jesús] (Grand Rapids: Baker, 1997), 35.

105. Charles H. Kraft, *I Give You Authority: Practicing the Authority Jesus Gave Us* [Les doy autoridad: practiquemos la autoridad otorgada por Jesús] (Grand Rapids: Baker, 1997), 35.
106. Charles H. Kraft, *I Give You Authority: Practicing the Authority Jesus Gave Us* [Les doy autoridad: practiquemos la autoridad otorgada por Jesús] (Grand Rapids: Baker, 1997), 45.
107. Charles H. Kraft, *I Give You Authority: Practicing the Authority Jesus Gave Us* [Les doy autoridad: practiquemos la autoridad otorgada por Jesús] (Grand Rapids: Baker, 1997), 85.
108. Charles H. Kraft, *I Give You Authority: Practicing the Authority Jesus Gave Us* [Les doy autoridad: practiquemos la autoridad otorgada por Jesús] (Grand Rapids: Baker, 1997), 87.
109. Charles H. Kraft, *I Give You Authority: Practicing the Authority Jesus Gave Us* [Les doy autoridad: practiquemos la autoridad otorgada por Jesús] (Grand Rapids: Baker, 1997), 87.
110. Para leer la oración completa, véase Kenneth Boa: *Conformados a su imagen: un acercamiento vivo y práctico para la formación espiritual (Miami, FL: Editorial Vida, 2006)*, 581-582.

7. LA PERSPECTIVA DEL DIABLO

111. Walter Hooper, *C. S. Lewis: Companion and Guide* [C. S. Lewis, compañero y guía] (Nueva York: HarperCollins,1996), 267.
112. C. S. Lewis, *Cartas del diablo a su sobrino*, trad. Miguel Marías (España: HarperCollins, 2006), 20.
113. C. S. Lewis, *Cartas del diablo a su sobrino*, trad. Miguel Marías (España: HarperCollins, 2006), 20.
114. C. S. Lewis, *Cartas del diablo a su sobrino*, trad. Miguel Marías (España: HarperCollins, 2006), 26.
115. C. S. Lewis, *Cartas del diablo a su sobrino*, trad. Miguel Marías (España: HarperCollins, 2006), 25.
116. John Gottman, "The 3 Phases of Love" [Las 3 fases del amor], Gottman Institute, 19 de noviembre, 2014, www.gottman.com/blog/the-3-phases-of-love.
117. C. S. Lewis, *Cartas del diablo a su sobrino*, trad. Miguel Marías (España: HarperCollins, 2006), 88.
118. Dallas Willard, *Renueva tu corazón: sé como Cristo*, trad. Pedro L. Gómez Flores (Barcelona: Editorial Clie, 2004), 150.
119. Dallas Willard, *Renueva tu corazón: sé como Cristo*, trad. Pedro L. Gómez Flores (Barcelona: Editorial Clie, 2004), 152.

120. Dallas Willard, *Renueva tu corazón: sé como Cristo*, trad. Pedro L. Gómez Flores (Barcelona: Editorial Clie, 2004), 152.
121. C. S. Lewis, *Cartas del diablo a su sobrino*, trad. Miguel Marías (España: HarperCollins, 2006), 29.
122. C. S. Lewis, *Cartas del diablo a su sobrino*, trad. Miguel Marías (España: HarperCollins, 2006), 30.
123. C. S. Lewis, *Cartas del diablo a su sobrino*, trad. Miguel Marías (España: HarperCollins, 2006), 48.
124. C. S. Lewis, *Cartas del diablo a su sobrino*, trad. Miguel Marías (España: HarperCollins, 2006), 48.
125. C. S. Lewis, *Cartas del diablo a su sobrino*, trad. Miguel Marías (España: HarperCollins, 2006), 50.
126. C. S. Lewis, *Cartas del diablo a su sobrino*, trad. Miguel Marías (España: HarperCollins, 2006), 51.
127. C. S. Lewis, *Cartas del diablo a su sobrino*, trad. Miguel Marías (España: HarperCollins, 2006), 90.
128. C. S. Lewis, *Cartas del diablo a su sobrino*, trad. Miguel Marías (España: HarperCollins, 2006), 51.
129. Thomas Merton, citado en Trent T. Gilliss, "Thomas Merton's Prayer That Anyone Can Pray" [La oración de Thomas Merton que cualquiera puede hacer] *On Being* (blog), 28 de diciembre, 2014, https://onbeing.org/blog/thomas-mertons-prayer-that-anyone-can-pray.
130. C. S. Lewis, *Cartas del diablo a su sobrino*, trad. Miguel Marías (España: HarperCollins, 2006), 56.
131. C. S. Lewis, *Cartas del diablo a su sobrino*, trad. Miguel Marías (España: HarperCollins, 2006), 56.
132. Stephanie Chen, "Could You be 'Infected' by Friend's Divorce?" [¿Puede 'infectarse' a causa del divorcio de sus amigos?] CNN, 10 de junio, 2010, http://edition.cnn.com/2010/LIVING/06/10/divorce.contagious.gore/index.html.
133. C. S. Lewis, *Cartas del diablo a su sobrino*, trad. Miguel Marías (España: HarperCollins, 2006), 101.
134. C. S. Lewis, *Cartas del diablo a su sobrino*, trad. Miguel Marías (España: HarperCollins, 2006), 106.
135. Blaise Pascal, *Pensées* 136 [Pensamientos] (Nueva York: Penguin Books, 1966), 67.
136. Estas observaciones referentes a crear espacios para estar a solas son tomadas de mi libro *I Beg to Differ: Navigating Difficult Conversations with Truth and Love* [Lamento disentir: enfrentemos las conversaciones difíciles con verdad y amor] (Downers Grove, IL: InterVarsity Press, 2015), 71-75.

137. Guy Winch, "How Cellphone Use Can Disconnect Your Relationship" [Cómo el uso del celular puede desconectar su relación] *Psychology Today*, 15 de enero, 2015, www.psychologytoday.com/blog/the-squeaky-wheel/201501/how-cellphone-use-can-disconnect-your-relationship.

138. Jamin Goggin y Kyle Strobel, *The Way of the Dragon or the Way of the Lamb* [El camino del dragón o el camino del Cordero] (Nash- ville: Nelson Books, 2017), 83.

139. Nancy Sleeth, *Almost Amish: One Woman's Quest for a Slower, Simpler, More Sustainable Life* [Casi amish: una mujer en la búsqueda de una vida más tranquila, más simple y más sostenible] (Carol Stream, IL: Tyndale House, 2012), 26.

140. Linda Dillow y Lorraine Pintus, *Intimate Issues: 21 Questions Christian Women Ask About Sex* [Problemas íntimos: 21 preguntas que las mujeres cristianas hacen acerca del sexo] (Colorado Springs, CO: WaterBrook, 1999), 39.

141. Linda Dillow y Lorraine Pintus, *Intimate Issues: 21 Questions Christian Women Ask About Sex* [Problemas íntimos: 21 preguntas que las mujeres cristianas hacen acerca del sexo] (Colorado Springs, CO: WaterBrook, 1999), 40.

142. C. S. Lewis, *Cartas del diablo a su sobrino*, trad. Miguel Marías (España: HarperCollins, 2006), 142.

CONCLUSIÓN

143. Clint Arnold, *Powers of Darkness: Principalities and Powers in Paul's letters* [Las potestades de las tinieblas: los principados y las potestades en las cartas de Pablo] (Downers Grove, IL: InterVarsity Press, 1992), 16.